Der

Aktiengesetz-Entwurf.

Betrachtungen und Vorschläge

von

Dr. Wiener,
Reichsgerichtsrat.

Leipzig,
Verlag von Veit & Comp.
1884.

Druck von Metzger & Wittig in Leipzig.

Vorwort.

Die nachstehende Schrift stellt sich die Aufgabe, diejenigen Abänderungen und Ergänzungen zu bezeichnen, welche dem Verfasser wünschenswert erscheinen, wenn der dem Bundesrate vorliegende Entwurf eines Gesetzes betreffend die Kommanditgesellschaften auf Aktien und die Aktiengesellschaften Gesetz werden soll. Zugleich ist der Verfasser bemüht gewesen, die Vorschläge, soweit als möglich, zu festen Formulierungen im Anschluß an die Artikel des Entwurfs behufs deren Ersetzung und Ergänzung zu gestalten. Bei vielen der Vorschläge werden andere schon früher und zuerst von ihnen Geäußertes wiedererkennen. In der That handelt es sich auch nicht darum, neue Ideen geltend zu machen, sondern dem vorhandenen Material mit der Selbstbeschränkung, welche im jetzigen Stadium der Sache geboten ist, die fruchtbarsten Gedanken zu entnehmen und sie zu Amendierungen des Entwurfes auszugestalten. Die während der Bearbeitung erschienenen Schriften von Renaud und Ring — erstere noch nicht vollendet — in Busch, Archiv für Theorie und Praxis Bd. 45 sind benutzt, von ihnen gewonnene Ergebnisse wiederholt übernommen worden. Die sogenannte Prospekttheorie — den detaillierten Gründerbericht als wesentliche Grundlage des Gründungsherganges bei den sogenannten qualifizierten Gründungen — hat der Verfasser bereits in seinem Gutachten im Jahre 1873 vertreten. Er glaubt, sie im wesentlichen noch jetzt, insbesondere gegenüber dem von dem Entwurf vorgeschlagenen Gründungs-Prüfungsverfahren durch Gründer-Stellvertreter, aufrecht erhalten zu müssen. Entweder man basiert die Gründung auf eine Offenlegungspflicht der Handelnden mit einer Verantwortung, welche die Handelnden zur Vorsicht und zum Maßhalten zwingt oder man bedarf einer Behörde, welche über die Zulassung von Aktiengesellschaften entscheidet. Ein Drittes giebt es nicht. Wird im ersten Falle die Verantwortung im wesentlichen auf die Fälle gröbster, selbstsüchtigster Leichtfertigkeit beschränkt, so muß sie für die Beteiligten erträglich sein.

In der Natur der gestellten Aufgabe hat es gelegen, daß die Anerkennung des durch den Entwurf Gebotenen gegen die Kritik zurücktritt. Besonderer Anerkennungsbezeugungen bedarf der Entwurf nicht. Solche pflegen Beurteiler dann besonders reichlich zu erteilen, wenn es gilt, die Ergebnisse des Gebotenen heftig zu bekämpfen. Nur von der Annahme aus, daß der Entwurf nicht bloß eine hervorragende Arbeit von hohem Werte ist, sondern auch die geeignete Grundlage für den Abschluß der Reformbestrebungen durch ein Gesetz bildet, hat der diesseits unternommene Versuch einen Sinn.

Leipzig, Weihnachten 1883.

I. Mindestbetrag der Aktie.

Der Entwurf will eine erhebliche Erhöhung des gesetzlichen Mindestbetrages der Aktien. Der Mindestbetrag der Namensaktie, bisher, soweit nicht durch Landesgesetze für Kommanditaktiengesellschaften noch niedriger normiert, hundertfünfzig Mark, und bei Versicherungsaktiengesellschaften dreihundert Mark, soll in Zukunft tausend Mark, der der Inhaberaktie, bisher dreihundert Mark, fünftausend Mark sein. Eine Zerlegung der Aktie in Aktienteile ist nicht statthaft. Der Reichskanzler soll für gemeinnützige Unternehmungen im Falle eines besonderen örtlichen Bedürfnisses sowie für Unternehmungen, bei denen das Reich oder ein Bundesstaat oder ein Provinzial-, Kreis- oder Amtsverband oder eine sonstige öffentliche Korporation für die Aktien einen bestimmten Ertrag bedingungslos und dauernd gewährleistet hat, Namensaktien zu geringerem Nominalbetrage, aber nicht unter zweihundert Mark, nach Anhörung der Bundesratsausschüsse für Handel und Verkehr und für Justizwesen zulassen können.

Von einer wesentlichen Erhöhung des bisherigen Mindestbetrages ist allerdings ein Schutz des Kleinkapitales gegen Erwerbung von Werten, welche für dasselbe nicht geeignet sind — und die Geldanlage in Aktien ist in der Mehrzahl der Fälle für dasselbe nicht geeignet —, zu erwarten und ebenso eine Erschwerung der Agiotage. Denn je mehr das Agio auf kleine Nominalbeträge verteilt werden kann, desto leichter wird es erzielt. Endlich fallen gerade bei einer ungemessenen Zahl von Aktien mit geringen Nominalbeträgen die Generalversammlungen ganz besonders dem Koterienwesen anheim.

Wenn aber mit dem Entwurfe bis zur Vollzahlung die Inhaberaktie der Namensaktie gleichgestellt wird, so dürfte kein Grund vorliegen, nach dem Kriterium, ob Namens- oder Inhaberaktie, einen solchen

Abstand in den Mindestbeträgen zu statuieren. Die Annahme, daß mit der Gestaltung der Aktie als Namensaktie der Wille einer engeren und dauernderen Verbindung des Aktionärs mit der Gesellschaft ausgedrückt sei, wird illusorisch, wenn eine soviel höhere Minimalziffer für die Inhaberaktie aufgestellt wird. Man wird die Namensaktie wählen, um der höheren Nominalziffer zu entgehen, und man kann sie wählen, ohne deshalb der Vorteile leichter Begebbarkeit entraten zu müssen, wegen deren die Inhaberaktie soviel höher normiert werden soll. Auch wenn man für die Namensaktie Blankoindossament und Blankozession unwirksam erklären wollte, würden kurze, in gedruckten Formularen vorbereitete Vollzessionen die leichte Cirkulation vermitteln. Das Erfordernis der Eintragung des Aktienerwerbers in das Aktienbuch, um Rechte als Aktionär auszuüben, verschlägt für die langen Zwischenräume, in denen solche Rechte nicht auszuüben sind, nicht viel. Auch gewährte die Übertragung mit Blankovollmachten zur Ausübung des Stimmrechtes eine durch die Bestimmungen des Entwurfes nicht gehinderte Aushilfe.

Mit der Beseitigung der Möglichkeit, die Inhaberaktie vor der Vollzahlung zu liberieren, ist der wesentlichste Vorzug der Inhaberaktie vor der Namensaktie für den spekulativen Verkehr beseitigt. Der Mindestbetrag wäre daher entweder bei der Namensaktie zu erhöhen oder bei der Inhaberaktie herabzusetzen. Die Normierung auf Eintausend Mark für die Namensaktie und Zweitausend Mark für die Inhaberaktie würde dem Unterschied der beiden Aktiengattungen auf das Ausgiebigste Rechnung tragen. Es möchte aber auch angemessen sein, diese Ziffern nicht zu überschreiten. Bei zu hoher Normierung der Mindestbeträge könnte sich das Sparkapital leicht darüber beschweren, auch von guten Unternehmungen ausgeschlossen zu sein. Bei dem steten Sinken des Zinsfußes, während die Bedürfnisse des kleinen und mittleren Kapitalbesitzes im besten Falle immer dieselben bleiben, ist die Verweisung auf Anlage in guten Hypotheken, Wertpapieren und Pfandbriefen ein Rat, den nicht jeder befolgen kann. Jede allzuhohe Normierung der Mindestbeträge der Aktien macht daher nur das Feld für andere, nur zu oft unsichere, aber wegen des versprochenen Zinsertrages begehrte, insbesondere ausländische Wertpapiere frei, deren Cirkulation insbesondere, soweit es Obligationen sind, in weit geringeren Nominalbeträgen das Gesetz nicht verbieten kann. Der Ausweg aber, daß sich mehrere zu Erwerbung einer Aktie vereinigten, wäre gewiß kein wünschenswertes Ergebnis.

Was die statuierten, von der Zulassung durch den Reichskanzler abhängigen Ausnahmen anlangt, so liegt hier das Bedenken nahe, man kehre damit zum Teil zu den Nachteilen der Staatskonzession zurück, indem Unternehmungen, denen solche Zulassung zu teil würde, mit allem Anreiz, den staatliche Intervention ausübe, ja vermöge der Privilegierung derselben gegenüber allen anderen Aktienunternehmungen mit einem noch verstärkten auf das Publikum wirken würden. Es liegt daher die Erwägung nahe, ob nicht für die Zulassung geringerer Mindestbeträge an Stelle der Entscheidung der Behörde im Einzelfalle ein festes Kriterium, wie etwa die Beschränkung des Grundkapitals auf einen nicht umfänglichen Betrag, zu setzen wäre. Indessen wäre dies kein sicheres Merkmal, welches Unternehmungen von wirklichem Bedürfnis gegenüber solchen zu bloß spekulativer Ausbeutung, nach menschlicher Voraussicht sichere Unternehmungen gegenüber anderen unterschiede.

Und es giebt ein solches objektives Unterscheidungsmoment überhaupt nicht. Will man daher wirklich gemeinnützigen Unternehmungen, sowie solchen, die vermöge einer Ertragsgarantie seitens einer öffentlichen Korporation eine gewisse Rentabilität sichern, durch Unterwerfung unter die normierten Mindestbeträge die Entstehung und die Zugänglichkeit für das Publikum nicht erschweren, so muß man hier das staatliche Ermessen im Einzelfalle walten lassen.

Es bleibt zweifelhaft, ob nach der Absicht des Entwurfes das Vorhandensein der vom Gesetze für die Zulassung aufgestellten Voraussetzungen der Gemeinnützigkeit oder der Ertragsgarantie vom Registerrichter bei der Eintragung zu prüfen ist. Gewiß soll die Reichsbehörde nach freiem Ermessen entscheiden, ob für die Zulassung des Unternehmens mit Aktien unter den gesetzlichen Mindestbeträgen ein Bedürfnis vorhanden ist, was zugleich die freie Prüfung in sich schließt, ob das sich einen örtlichen gemeinen Nutzen zum Ziele setzende Unternehmen einem wirklichen Bedürfnis entspricht, sowie ob bei dem mit Ertragsgarantie versehenen Unternehmen diese gesichert und der Höhe nach ausreichend erscheint. Das Erfordernis aber, daß eine der aufgeführten juristischen Personen auf die Aktien einen bestimmten Ertrag bedingungslos und dauernd — gemeint ist: „ohne Einschränkung auf Zeit“ — gewährleistet habe, entbehrt gewiß nicht der festen objektiven Kriterien. In betreff des Erfordernisses der Gemeinnützigkeit könnte man dies bezweifeln, wenn nicht der Entwurf mittels einer Einschränkung, an der durchaus festzuhalten sein wird, eine besondere lokale Gemeinnützigkeit erforderte. Gewiß ist auch dieser Begriff dehnbar, aber durchaus nicht so völlig unbestimmt, daß er für eine richterliche Kognition ungeeignet wäre. Die Fassung der Art. 173a und 207a im allgemeinen spricht für die Zulässigkeit und demnach auch für die Erforderlichkeit der Nachprüfung. Die besondere Fassung: „Für ein gemeinnütziges Unternehmen kann im Falle eines besonderen örtlichen Bedürfnisses der Reichskanzler“ scheint dagegen zu sprechen. Man wird die Möglichkeit eines Konfliktes zwischen der Auffassung der Reichsbehörde und der des Registerrichters nicht als ein erquickliches Ereignis erachten. Man mag auch auf solche Nachprüfung keinen allzugroßen Wert legen wollen, weil die Autorität der Auffassung der Reichsbehörde auf die Bildung der Auffassung des Registerrichters einen erheblichen Einfluß haben wird. Immerhin erscheint es gerade wegen der privilegierten Stellung, welche solchen konzessionierten Unternehmungen im Publikum bereitet wird, und da das Gesetz bestimmt ist, über die zeitigen Verhältnisse und die Wirksamkeit der derzeit maßgebenden Personen hinaus zu gelten, nicht ohne Belang, wenn ein solches Nachprüfungsrecht existiert, vermöge dessen Unternehmungen, deren Subsumtion unter die Vorschrift der Tendenz derselben offenbar zuwiderliefe, die Zurückweisung des Eintrages zu gewärtigen hätte. Zweckmäßig würde bei solcher Auffassung sein, in den Art. 173a Abs. 2 und 207a Abs. 2 statt „Für ein gemeinnütziges Unternehmen kann im Falle eines besonderen örtlichen Bedürfnisses der Reichskanzler“ zu sagen: „Für ein Unternehmen von besonderer örtlicher Gemeinnützigkeit kann im Falle eines Bedürfnisses der Reichskanzler“ und in dem Satze: „auf die Aktien einen bestimmten Ertrag bedingungslos und dauernd gewährleistet hat“ statt „dauernd“ „ohne Zeitbeschränkung“ zu setzen.

II. Die Haftung aus der Aktie.

In betreff der Haftung aus der Aktie bricht der Entwurf mit dem bisherigen System, nach welchem für Aktien, welche auf Inhaber gestellt werden sollen, bei entsprechender Vorkehrung im Gesellschaftsvertrage jede Personenhaftung über 40 Prozent hinaus beseitigt werden kann, sodaß für die weiteren 60 Prozent nur die eingezahlten 40 Prozent haften. Er beseitigt ferner die bisherige Möglichkeit, auch bei Namensaktien eine Befreiung des Aktionärs vor der Vollzahlung seitens einer colludierenden Verwaltung unter dem Scheine einer Strafe zu bewirken. Vor der Vollzahlung sollen die Aktiendokumente nicht ausgegeben werden. Erst das vollgezahlte Papier kann auf Inhaber gestellt werden. Bis zur Vollzahlung giebt es nur Namenspapiere. Nur der im Aktienbuche Eingetragene gilt im Verhältnisse zur Gesellschaft als Eigentümer des Aktienrechts. Für die Vollzahlung haften unentlaßbar, ohne das Recht, mit ihnen zustehenden Forderungen zu kompensieren, zunächst der derzeitige Aktionär, wie ihn das Aktienbuch zur Zeit der Ausschreibung der Einzahlung ausweist, außer demselben aber, soweit Zahlung von ihm nicht zu erlangen ist, alle im Aktienbuche verzeichneten Rechtsvorgänger, der frühere immer, soweit Zahlung vom späteren nicht zu erlangen ist, jeder dieser Rechtsvorgänger aber mit Einschränkung der Haftpflicht auf diejenigen Einzahlungen, welche bis zum Ablauf von zwei Jahren seit der von ihm bewirkten Anmeldung der Übertragung des Aktienrechts auf einen zur Eintragung gelangten Nachfolger ausgeschrieben sind. Der nichtzahlende Aktionär wird seines Aktienrechtes verlustig erklärt, bleibt aber trotzdem wegen alles derzeitigen oder künftigen Ausfalles an der Aktie der Gesellschaft verhaftet. Der zahlende Rechtsvorgänger tritt in das Aktienrecht und empfängt gegen Zahlung des ausgeschriebenen Betrages die neue, diesen und die früheren Teilzahlungen umfassende Urkunde. Ist die Zahlung des ausgeschriebenen Betrages von Rechtsvorgängern nicht zu erlangen, so kann die Gesellschaft das Aktienrecht zum Börsenpreise und in Ermangelung eines solchen durch öffentliche Versteigerung verkaufen.

Diesem System wird die Anerkennung innerer Folgerichtigkeit und umsichtigen Ausbaues des Einzelnen nicht zu versagen sein. Es enthält eine radikale Änderung des bisherigen Zustandes. Gewiß entspricht das bisherige System der Forderung voller Entfesselung des Unternehmungsgeistes. Es harmoniert mit den Funktionen, welche die Börse im Zwischenhandel mit neu geschaffenen Papieren auszuüben sich gewöhnt hat. Man konnte sich bisher bei einem große Mittel erfordernden Unternehmen beteiligen, ohne einen größeren Einsatz als die augenblickliche Einzahlungsrate wagen zu müssen. Erfüllten sich die daran geknüpften Hoffnungen nicht, so konnte man mit gänzlichem oder teilweisem Verluste dieses Einsatzes sich zurückziehen. Die etwaigen Verluste verteilten sich auf eine Reihe einander folgender Aktionäre, die je nach wechselnder Auffassung über die Aussichten des Unternehmens die Aktie verkauften und kauften, immer sicher, äußerstenfalls nicht mehr, als das darauf Verwendete, zu verlieren. Die natürliche Aufgabe der Börse, die neugeschaffenen Papiere erst nach längerem Zwischenhandel bei dem dauernde Kapitalanlage suchenden Publikum endgültig zu placieren, wurde dadurch erleichtert, daß die Papiere aus Hand in Hand gehen konnten, ohne bei dem Weitergebenden ein Obligo zurückzulassen. Dies soll nach der Tendenz des Entwurfs nicht mehr der Fall sein. Der Zeichner und jeder im Aktienbuche eingetragene Rechtsnachfolger desselben wird erheblich daran interessiert sein, daß sich sein Käufer auch im Aktienbuche eintragen läßt, denn nur im Falle solcher Eintragung tritt seine Befreiung nach Ablauf von zwei Jahren von seiner Anmeldung des Rechtsnachfolgers zum Aktienbuche ab in Wirksamkeit. Wird beim Aktienverkauf keine besondere Abrede getroffen, so wird der eingetragene Verkäufer ein Klagerecht gegen den Käufer darauf, daß dieser sich eintragen läßt, haben. Denn es liegt im Wesen des Kaufs einer nicht volleingezahlten Aktie, auf der die Haftung des Verkäufers für die Vollzahlung ruht, daß der Käufer die Befreiung des Verkäufers herbeiführe. Auch der Umstand, daß der Verkauf durch ein Kommissionshaus ausgeführt wird und der Verkäufer wie vielleicht auch das Kommissionshaus selbst den Käufer nicht kennt, ändert daran nichts wesentliches, denn das Kommissionshaus wird, natürlich ebenfalls mangels besonderer Abreden, selbst haften müssen, wenn es den Käufer behufs seiner Heranziehung zur Befreiung des Verkäufers nicht namhaft machen kann. Freilich wird die Börse bei ihrer durchaus berechtigten Abneigung, für bloße Thätigkeiten des Zwischenhandels und der Vermittelung Verpflichtungen in die Zukunft hinein zu übernehmen, bestrebt sein, durch Usanzen der Schmälerung der Beweglichkeit des Verkehrs zu begegnen. Allein auch wenn in denselben ausgesprochen würde, es sei der Käufer nicht verpflichtet, sich im Aktienbuche eintragen zu lassen, überhaupt zu keinen Liberationshandlungen, so lange noch keine neue Einzahlung eingefordert werde, so würde freilich das Aktienbuch häufig keinen Rechtsnachfolger des ersten Zeichners aufweisen. Aber immerhin müßte sich dieser, wie jeder thatsächliche Nacherwerber, der Person seines Käufers und seiner Kreditwürdigkeit versichern, um, sofern die Zahlung eingefordert wird, sich an diesen halten, ihn zur Zahlung statt seiner anhalten zu können. Es bliebe immerhin bei jedem, durch dessen Hände die Aktie geht, ein Obligo zurück. Und wenn selbst die Usanzen festsetzten, daß ein Nacherwerber gar keine Verpflichtung in betreff der Restzahlungen gegen den Veräußerer hätte, sondern ihm die Abandonnierung der Aktie bei geforderter Einzahlung freistände, so würde ein freies Flottieren der Aktie doch immer nur um den Preis möglich sein, daß der erste Zeichner fortgesetzt für die Vollzahlung haftbar bleibt. Daß deshalb Strohmänner als erste Zeichner vorgeschoben werden möchten, ist im Einzelfalle möglich, als Regel nicht zu befürchten, zumal, wenn man nicht auch hier wieder Umgehungen unterstellt, die auf die Dauer der Verkehr kaum acceptieren wird, eben nur der im Aktienbuche Eingetragene Rechte in der Gesellschaft ausüben kann. So wenig eine gewisse Berechtigung derjenigen Tendenzen zu verkennen ist, denen das bisherige System Vorschub geleistet hat, innerer Folgerichtigkeit, dem Gebote der Ordnung und Sicherheit, dem Interesse der Gesamtheit an Verhütung leichtfertiger Gründungen und maßloser Agiotage entspricht nur das System des Entwurfs.

Die bloße Haftung des zuletzt eingetragenen derzeitigen Aktionärs würde nicht ausreichen, da sonst der Rechtsvorgänger, sobald Ausschreibungen auf ein in Mißkredit geratenes Unternehmen bevorstehen, die Haftung auf einen zahlungsunfähigen Strohmann abwälzen könnte. Durch die Subsidiarität, die bloße zweijährige Nachhaftung und die

Gewährung der auch die früheren Teilzahlungen umfassenden Rechte ist die Haftung der Rechtsvorgänger, soweit als möglich, gemildert.

Daß deshalb bloße Spekulationsgründungen unterbleiben, daß der bisherige Weg der definitiven Placierung der Aktien erst mittels des Zwischenhandels verlassen werden und der Regel nach sich schon bei der Gründung das definitive Anlage suchende Kapital beteiligen wird, das sind freilich wohl Illusionen. Sollten aber in Zukunft, was das Wahrscheinliche, infolge dieser Bestimmungen nur vollgezahlte Aktien geeignete Objekte für Spekulationsgründungen sein, so würde der Spekulationsumfang in der danach doch unvermeidlichen Limitierung der Grundkapitalien eine heilsame Begrenzung finden. Ganz ausgeschlossen erscheint es natürlich nicht, daß in Perioden starker Neigung zur Überspekulation die Interimspapiere über nicht voll eingezahlte Aktien doch aus Hand in Hand gehen, ohne daß man an die dadurch begründeten Verpflichtungen der Nehmer gegen die Geber denkt, noch sich wegen derselben sichert und daß damit eine Reihe von Ansprüchen latent bleibt, die erst nach eingetretenem Niedergange zu unwillkommenen Auseinandersetzungen führt.

III. Die Gründung der Aktiengesellschaft.

In sicheren und scharfen Umrissen gestaltet der Entwurf Form und Inhalt der Hergänge, die allein zum Inslebentreten der Aktiengesellschaft — von dieser soll, da die Gründung der Kommandit-Aktiengesellschaft nicht unwesentliche Abweichungen zeigt, in diesem Abschnitt nur die Rede sein — führen sollen. Die neuen Vorschriften sollen hier bezwecken, die vollständige und richtige Zusammenbringung des Grundkapitals zu sichern und offen zu legen und das Verfahren der Gründung so zu gestalten, daß die Gründer gegenüber der zu gründenden Gesellschaft hervortreten, der letzteren selbstthätig eine sachliche Prüfung und Entschließung ermöglicht und dem Registerrichter die formelle Prüfung erleichtert wird. Die Entstehung der Aktiengesellschaft setzt Personen voraus, die sie ins Werk setzen, gründen. Selbst wenn es einem Gesetze gelänge, den Begriff des

Gründers zu definieren, so vermöchte es die Weitläufigkeiten und Unsicherheiten der Ermittelung im Einzelfalle, wer die jenem Begriffe entsprechenden Personen gewesen sind, nicht zu beseitigen. Es muß daher positive Handlungen im Rahmen der notwendigen Errichtungshergänge bezeichnen, vermöge deren Vornahme die Vornehmenden kraft des Gesetzes als Gründer gelten, und im übrigen bestrebt sein, mit der Gründerverantwortlichkeit möglichst auch diejenigen zu treffen, die, ohne als Gründer hervorgetreten zu sein, zu ihnen gehören. Als notwendigen ersten Errichtungsakt, an den alle weiteren anzuknüpfen haben, fordert der Entwurf die Feststellung des Inhaltes eines Gesellschaftsvertrages — Statut — in gerichtlicher oder notarieller Verhandlung durch mindestens fünf Personen unter Übernahme von Aktien seitens jedes von ihnen. Alle an solcher Festsetzung sich Beteiligenden gelten nach der Absicht des Entwurfes als Gründer der Gesellschaft. Die Anforderungen an den Inhalt dieses Gesellschaftsvertrages sind im allgemeinen geringere, als die des bisherigen Rechtes. Es genügt die Bestimmung der Firma und des Sitzes der Gesellschaft, des Gegenstandes des Unternehmens, der Höhe des Grundkapitales und der einzelnen Aktien, der Art der letzteren, der Form der Zusammenberufung der Generalversammlungen und der Bekanntmachungen der Gesellschaft, also eigentlich die bloße Festsetzung der wesentlichen Grundzüge eines Projektes, wie solche für die Existenz jeder Gesellschaft wie für die Feststellung ihres sie von anderen Gesellschaften unterscheidenden Wesens nötig sind. Daneben sind bestimmte Punkte bezeichnet, die festgesetzt sein müssen, wenn sie gelten sollen. Ob über den gedachten Inhalt hinaus noch weitere individuelle Festsetzungen zu treffen, ist dem Belieben der Festsetzenden überlassen. Mangels solcher Festsetzungen unterliegt die Gesellschaft in betreff ihrer Funktionen im übrigen den subsidiären gesetzlichen Bestimmungen, die freilich im Wege einer Statutenänderung auch noch im weiteren Verlaufe der Errichtungshandlungen, modifiziert werden können. Eingehender als nach dem bisherigen Gesetze sind dagegen die Anforderungen an den Inhalt eines Gesellschaftsvertrages, wenn die Gesellschaft, statt mit Geldeinlagen, mit anderen Wertseinlagen oder unter Übernahme von Anlagen oder sonstigen Vermögensstücken oder unter Verzehrung von Teilen des Grundkapitales durch Gründungskosten oder Gründerbelohnungen zustande kommen soll. Bei

Sacheneinlagen oder Sachenübernahmen, zu welchen auch Übernahmen erst noch herzustellender Gegenstände gehören sollen, muß der Gesellschaftsvertrag insbesondere nicht bloß, wie bisher, den Gegenstand der Einlage oder Übernahme wie den Betrag der für die Einlage zu gewährenden Aktien oder den für die Übernahme zu gewährenden Preis, sondern auch die Person des Einlegers oder Überlassenden bezeichnen. Hauptsächlich aber muß er, und zwar gesondert von den eben mitgeteilten Festsetzungen, den Gesamtaufwand angeben, welcher zu Lasten der Gesellschaft an Aktionäre oder Andere als Entschädigung oder Belohnung für die Gründung oder deren Vorbereitung gewährt wird. Dieser Aufwand ist nach Art und Höhe nicht limitiert. Die den bezeichneten Festsetzungen zum Grunde liegenden oder zu ihrer Ausführung geschlossenen Verträge, sowie eine nähere Spezifikation des Gründungsaufwandes nach Art und Höhe wie nach den Empfängern sind erst mit der Anmeldung zum Handelsregister einzureichen. Eine Mitteilung des Inhaltes der bereits im Hinblick auf die Gründung den Erwerbsverträgen vorausgegangenen Vorverträge ist den Gründern nicht auferlegt. Vergütungen irgendwelcher Art, welche im Gesellschaftsvertrage nicht oder nicht in der angegebenen Weise festgesetzt sind, insbesondere also auch diejenigen, welche, obwohl sie in Wahrheit Gründungskosten oder Gründerbelohnungen sind, nicht als solche, sondern unter einem anderen Titel verhüllt Festsetzung gefunden haben, können gegen die Gesellschaft nicht eingefordert werden.

Ausgehend von dem Akte der Festsetzung des Inhaltes des Gesellschaftsvertrages stellt der Entwurf entsprechend den beiden thatsächlich neben einander bestehenden Arten einer Aktiengesellschaftserrichtung zwei verschiedene Errichtungsformen auf. Entweder übernehmen die Gründer sämtliche Aktien, was, soweit es noch nicht in der Statutfeststellungsverhandlung geschehen ist, in einer besonderen Verhandlung geschehen kann. Fall der sogen. Simultanerrichtung. Alsdann sind mit dieser Übernahme der Aktien und der Bestellung des ersten Vorstandes und Aufsichtsrates durch die Gründer die Errichtungshandlungen abgeschlossen. Oder die Gründer übernehmen nicht sämtliche Aktien. Fall der sogen. Successiverrichtung. Alsdann bedarf es der Zeichnung der übrigen Aktien mittels schriftlicher Zeichnungsscheine und hierauf zunächst einer ersten von den Gründern zu berufenden Generalversammlung der

Aktionäre zur Bestellung des Aufsichtsrates und Vorstandes, des letzteren, soweit der Gesellschaftsvertrag nicht seine Bestellung in anderer Art vorsieht.

Für den Inhalt des Zeichnungsscheines sind bestimmte Erfordernisse aufgestellt. Er ist in zwei Exemplaren zu unterzeichnen, von denen eins zur Einreichung beim Handelsregister und Aufbewahrung daselbst bestimmt ist. Er muß das Datum des Statutes enthalten, muß dessen Festsetzungen über die bereits erwähnten Grundbestimmungen desselben, sowie über Sacheneinlagen, Sachenübernahmen, Gründungsaufwand und besondere Vorteile, auch im Falle verschiedener Gattungen von Aktien den Gesamtbetrag einer jeden ausdrücklich angeben, den Namen, Stand und Wohnort der Gründer, sowie den Zeitpunkt enthalten, mit welchem die Zeichnung unverbindlich wird, wenn nicht bis dahin die Errichtung der Gesellschaft beschlossen worden. Zeichnungsscheine, die diesen Erfordernissen nicht entsprechen oder anderweite Beschränkungen enthalten, sind als zum Nachweis der Zeichnung nicht geeignet, in den Zeichnungsscheinen nicht enthaltene Beschränkungen als der Gesellschaft gegenüber unwirksam erklärt.

Bei beiden Errichtungsformen soll nach Bestellung des Vorstandes und Aufsichtsrates die selbstthätige sachliche Prüfung und Entschließung, ob die Gesellschaft zur Eintragung zu bringen, im Interesse dieser selbst einsetzen. Die Mitglieder des Vorstandes und Aufsichtsrates haben den Hergang der Gründung zu prüfen. Dazu müssen für Mitglieder, welche zugleich Gründer oder nach dem Gesellschaftsvertrage mit Sacheneinlagen oder Überlassungen von Vermögensstücken oder Ansprüchen auf besondere Vorteile beteiligt sind, Stellvertreter bestellt sein. Die Prüfung hat sich auf die Richtigkeit und Vollständigkeit der Angaben über Zeichnung und Einzahlung des Grundkapitales, sowie auf die Angemessenheit der Höhe der für Sacheneinlagen und Übernahmen festgesetzten Vergütungen zu erstrecken. Hierbei sollen die dem Erwerbe der Gesellschaft vorausgegangenen, im Hinblick auf die Gründung geschlossenen Vorverträge, sowie die früheren Erwerbs- und Herstellungspreise aus den letzten zwei Jahren in Betracht gezogen werden. Über die Prüfung ist ein schriftlicher Bericht zu erstatten. Entschließen sich nach dieser Prüfung die Mitglieder des Vorstandes und Aufsichtsrates zur Anmeldung, so hat dieselbe bei dem Handelsgericht seitens sämtlicher Gründer und Mitglieder des Vorstandes und Aufsichtsrates unter Einreichung der bereits erwähnten Urkunden, eines von den Gründern unterzeichneten Aktionärverzeichnisses, sowie der Erklärung, daß auf jede Aktie mindestens ein Viertel des Betrages, soweit nicht Einlagen anzurechnen, bar eingezahlt und dem Vorstand übergeben, zu erfolgen.

Im Falle, daß die Gründer nicht alle Aktien übernommen haben, ist aber nunmehr erst eine neue Generalversammlung der Aktionäre zur Beschlußfassung über die Errichtung der Gesellschaft unter Leitung des Handelsgerichtes zu berufen. Vorstand und Aufsichtsrat haben sich hier über die Ergebnisse ihrer Prüfung auf Grund ihres Berichtes zu erklären. Bis zur Beschlußfassung der Aktionäre kann jedes Mitglied des Vorstandes und Aufsichtsrates die Unterzeichnung der Anmeldung noch zurückziehen. Der Beschluß der Gesellschaftserrichtung kann nur mit einer Mehrheit, die ein Viertel aller Aktionäre und ein Viertel des Grundkapitales umfaßt, gefaßt werden. Aktionäre, welche durch den Gesellschaftsvertrag besondere Vergütungsansprüche gegen die Gesellschaft erworben, haben kein Stimmrecht. Die Beschlußfassung ist zu vertagen, wenn es die Aktionäre mit einfacher Stimmenmehrheit verlangen. Der Gesellschaftsvertrag kann bereits in dieser Verhandlung entsprechend den Bestimmungen desselben und eventuell des Gesetzes über Statutenänderungen abgeändert werden. Doch bedürfen die Änderungen bestimmter wesentlicher Grundzüge, insbesondere auch die Erweiterung der zu Lasten der Gesellschaft getroffenen Vergütungsfestsetzungen, der Zustimmung aller erschienenen Aktionäre. Das Handelsgericht trägt, nachdem es die Erfüllung aller gegebenen Formerfordernisse und insbesondere auch die Übereinstimmung der Festsetzungen des Gesellschaftsvertrages mit dem Inhalte der überreichten Ausführungsverträge geprüft hat, die Gesellschaft ein. Der durch das Handelsgericht zu veröffentlichende Auszug des Gesellschaftsvertrages hat insbesondere auch dessen Festsetzungen in bezug auf Sacheneinlagen, Übernahmen und Gründungsaufwand, sowie Namen, Stand und Wohnort der Gründer, Vorstands- und Aufsichtsrats-Mitglieder und die Angabe, ob die Gründer sämtliche Aktien übernommen haben, zu enthalten.

Überblickt man den Komplex dieser Vorschriften, so wird dem Entwurfe die Anerkennung scharfer Erfassung aller bisherigen Unsicherheiten und Mißbräuche und großer Sorgfalt bei der Wahl der Mittel, ihnen zu begegnen, nicht zu versagen sein.

Es möchte indessen zunächst zu erwägen sein, ob es rätlich erscheint, wie es der Entwurf in Art. 209 thut, den wichtigen Begriff des Gründers lediglich durch eine Parenthese in das Gesetz einzuführen und den Satz, daß alle sich an der Feststellung des Inhaltes des Gesellschaftsvertrages in beglaubigter Form unter Übernahme von Aktien beteiligenden Aktionäre, auch soweit es über die erforderlichen fünf Personen sind, als Gründer gelten, statt ihn ausdrücklich auszusprechen, lediglich aus der Gesamtheit der Vorschriften entnehmen zu lassen. Wichtiger erscheint aber noch eine Fürsorge dafür, daß denjenigen, an deren ferneres Handeln in einer bestimmten Richtung das Gesetz das Gelten als Gründer knüpft, auch diese Geltung zum Bewußtsein gebracht werde. Leugnen wird es sich nicht lassen, daß sich unerfahrene Leute an der gedachten Statutenerrichtung unter Übernahme von Aktien und auch an der Anmeldung zum Handelsregister — weitere Gründerhandlungen brauchen bei der Simultangründung nicht vorzukommen — beteiligen können, ohne dieses Bewußtsein zu haben und ohne in Wahrheit zu den Projektanten zu gehören. Es dürfte die Bestimmung genügen, daß sich die an der Feststellungsverhandlung beteiligenden Aktionäre in der Verhandlung als Gründer zu bezeichnen haben. Der Registerrichter hätte alsdann, soweit solches Erfordernis nicht erfüllt ist, die Eintragung zu beanstanden, woraus sich ergeben würde, daß entweder dies Erfordernis nachträglich erfüllt wird oder die Erklärungen einer Aktienübernahme seitens derjenigen, welche es ablehnen, sich als Gründer zu bezeichnen, unberücksichtigt bleiben müssen.

Es entsteht ferner die Frage, ob die scharfe Aufstellung der beiden ausschließlichen Alternativen — Übernahme von Aktien durch Gründer und erforderliche Zeichnung der übrigen Aktien (Art. 209d) — gerechtfertigt ist, da die Gewährung von Aktien ohne Einzahlung als Gründungsbelohnung nach Art. 209b Absatz 3 möglich ist. Man darf hoffen, daß die Interpretation im Falle solcher Gewährung von Aktien, die offenbar doch weder gezeichnet noch übernommen sind, an der scharfen

Aufstellung der beiden Alternativen keinen Anstoß nehmen wird. Bedeutsamer ist die Frage nach der Stellung, welche gegenüber den beiden Verpflichtungsformen diejenige Aktienbeteiligung einnimmt, die durch Sacheneinlagen gegen Gewährung von Aktien erfolgt. Aus Art. 209 b Abs. 2: „Werden auf das Grundkapital von Aktionären Einlagen gemacht," aus Art. 210 Abs. 3: „auf jede Aktie, soweit nicht Einlagen anzurechnen", aus Art. 209 f Abs. 1, in welchem vom Einleger neben dem Gründer die Rede ist, und aus den Motiven Seite 148 wird man als Gedanken des Entwurfs zu entnehmen haben, daß der Einlegende ebenfalls als ein entweder durch Übernahme oder durch Zeichnung Aktionär Gewordener gedacht ist, der aber in Anrechnung auf die Einzahlung Sachen einlegt. Solche Konstruktion erscheint gegenüber dem wirklichen Sachverhältnis willkürlich und nicht zutreffend.[1] In Wahrheit hat nie eine andere Abrede stattgefunden, als die, Sachen gegen Gewährung von Aktien einzulegen. Es erschiene auch wunderlich, wenn derjenige, welcher nach der Festsetzung des Gesellschaftsvertrages eine Einlage gegen Gewährung von Aktien macht, diese Aktien sodann mittels eines Zeichnungsscheines, der auf die Festsetzung seiner Einlage Bezug nimmt, zeichnen sollte. Die Aufstellung einer materiell unzutreffenden Konstruktion, wenn auch nur mit der Tendenz eines Formerfordernisses, nötigt aber leicht zu bedenklichen Konsequenzen. Am zweckmäßigsten erscheint es, wenn der Einleger als Gründer erachtet und daher vorgeschrieben wird, daß er sich bei der Feststellung des Inhalts des Statuts beteiligen müsse und daß in seiner Erklärung, er mache die Einlage gegen Gewährung der betreffenden Anzahl Aktien, die erforderliche Erklärung der Übernahme der Aktien zu finden sei. Der Inferent steht bei dem Gründungsprojekt in der Regel derartig im Vordergrund und er vollzieht für das Unternehmen so maßgebende Verhandlungen, daß nicht einzusehen ist, warum das Gesetz nicht den Eintritt dieses präsumtiv wirklichen Mitgründers in die Reihe derer, die die formelle Gründerfunktion übernehmen, soll erzwingen dürfen. Deshalb braucht natürlich nicht der ganze Illationsvertrag in die Feststellungsverhandlung aufgenommen zu

---

[1] Vgl. Urteil der Verein. Civilsenate des Reichsgerichts v. 8. Juli 1880 (Entsch. des Reichsgerichts in Civilsachen Bd. 2 S. 303 flg.).

werden. Es kann derselbe schon vorher besonders festgestellt oder auch noch späterer Feststellung — natürlich im Laufe des Gründungsverfahrens — vorbehalten sein.

Durch die Vorschriften über die Erfordernisse und Wirkungen des Zeichnungsscheines werden nicht alle Unzuträglichkeiten des jetzigen Rechtszustandes beseitigt. Der Entwurf stellt für dieselben eine Reihe von Formvorschriften auf, schweigt aber über die Folgen ihrer Nichterfüllung für die civilrechtliche Wirksamkeit der Aktienzeichnung. Aus der bloßen besonderen Hervorhebung in den Art. 209d und 175c, daß Zeichnungsscheine, welche den aufgestellten Erfordernissen nicht entsprechen, zum Nachweise der Zeichnung ungeeignet sind, möchte man, da dies wohl eigentlich selbstverständlich ist, schließen wollen, die aufgestellten Erfordernisse sollten lediglich im Interesse der Ordnung des für die Eintragung erforderlichen Verfahrens gelten und gar keine civilrechtliche Bedeutung haben. Auch, wenn man dies mit den Aufgaben des Gesetzes zum Schutze des Zeichners verträglich erachtete, immer bliebe es höchst mißlich, die Rechtsprechung und damit auch den Verkehr ohne jeden Anhalt dafür zu lassen, was für eine rechtsverbindliche Aktienzeichnung erforderlich ist. Man mag aus dem Wesen der Zeichnung folgern müssen, es sei an eine schriftliche Erklärung gedacht. Was setzt sie als bereits feststehend voraus? Die Aktienzeichnung des Art. 209d setzt die vorherige Feststellung des Statuteninhaltes nach Art. 209 voraus. Ist dies auch bloß eine Ordnungsvorschrift oder hat sie einen civilrechtlichen Gehalt, und welchen? Und, wenn bei der Aktienzeichnung in der That ein Schreiben verlangt wird, giebt es daneben doch noch, etwa weil die Gründer oder die Zusagenden Kaufleute sind, wirksame mündliche Beteiligungszusagen an die Gründer, auf welche hin diese die Ausstellung eines ordnungsmäßigen Zeichnungsscheins erzwingen können? Dies hängt davon ab, ob man in dem Satze: „Zur Aktienzeichnung genügt eine schriftliche Erklärung", den auch der Art. 209d des Entwurfs enthält, den Ausdruck des gesetzlichen Willens zu finden hat, es solle für die Willensbindung bei einer Aktienbeteiligung die Schriftform erforderlich sein. Alsdann würde auch die mündliche Zusage, zeichnen zu wollen, nicht gelten. Es mag sein, daß nach dem vom Entwurf sorgsam geordneten Verfahren die Eintragung der Gesellschaft auf Grund unzureichender

Zeichnungsscheine weit seltener als bisher vorkommen wird. Ganz ausbleiben wird sie bei der Anzahl der aufgestellten Erfordernisse nicht. Es sind die Erfordernisse einer verbindlichen Aktienzeichnung oder Beteiligungserklärung aber auch nicht bloß im Verhältnis des Zeichners zu der zur Eintragung gelangten Gesellschaft, sondern auch im Verhältnis desselben zu den Gründern im Gründungsstadium erheblich. Die Rechtsprechung unter dem bisherigen Gesetz erachtet die Schriftform als ein Erfordernis für die Willensbindung bei der Aktienzeichnung, schwankt aber immer noch in Bezug auf den Umfang derjenigen Bestimmungen des Gesellschaftsvertrages, welche bereits feststehen müssen, ehe eine Aktienzeichnung wirksam erfolgen kann. Entschieden ist bei der Erheblichkeit der Wirkungen einer Aktienzeichnung, die schlechthin und ohne Rücksicht auf Vereinbarungen, die der Zeichnungsschein nicht enthält, binden soll, auch für die civilrechtliche Gültigkeit eine strenge und feste Formalisierung erforderlich. Dabei ergiebt sich dann aber mangels aushelfenden Eintretens der Gesetzgebung ein fernerer Übelstand, der als unleidlicher unter dem bisherigen Rechtszustande empfunden wird. Der Mangel einer Erfüllung der Formerfordernisse wird nach allgemeinen Grundsätzen auch nicht durch das schlüssigste fortgesetzte thatsächliche Verhalten gedeckt. Deshalb haben sich Leute, nachdem sie oft jahrelang thatsächlich als Aktionäre Rechte ausgeübt und Pflichten erfüllt hatten, schließlich wegen eines Defektes in ihrer Aktienzeichnung mit Erfolg den Ansprüchen auf weitere Einzahlung entziehen können. Die Rechtsprechung vermochte sie hieran nicht zu hindern. Dieser Zustand erheischt dringend eine Änderung. Es muß einerseits klar bestimmt werden, welche Formerfordernisse für die Gültigkeit einer Aktienzeichnung wesentlich sind. Andererseits muß ausgesprochen werden, daß durch ein nachträgliches konkludentes Verhalten für das Rechtsverhältnis der eingetragenen Gesellschaft zum Zeichner die Formmängel beseitigt werden. Es erscheint empfehlenswert, die Formerfordernisse, welche in den Nr. 1—5 des Art. 209d, bezw. den Nr. 1 und 2 des Art. 175c — das Erfordernis des Duplikats nicht eingerechnet — enthalten sind, auch als die Verbindlichkeit der Zeichnung für den Zeichner bedingend hinzustellen. Nach dem zu Grunde liegenden Gedanken können diese Erfordernisse nicht bezwecken, etwa bloß den Beweis des Vorhandenseins und der Zugehörigkeit der Zeichnungen zu dem betreffenden Unternehmen zu sichern. Die Feststellung des Zeitpunktes, bis zu welchem der Zeichner an ein Beharren bei der Gründung gebunden ist, hat es gewiß mit dem inneren Wesen der Verpflichtung zu thun. Die anderen Erfordernisse sind aber hauptsächlich dazu aufgestellt, um den Zeichner vor Übereilung zu schützen und ihn nur an ein bereits in seinen Grundzügen festgestelltes Unternehmen zu knüpfen, auch ihm den Inhalt derselben eindringlich zur Vorstellung zu bringen. Hält man etwa die für den Inhalt des Zeichnungsscheines aufgestellten Erfordernisse als Bedingnisse der civilrechtlichen Gültigkeit für zu weitgehend, so entlaste man den Zeichnungsschein von einer Reihe dieser Erfordernisse. Großer Wert ist auf die besondere Wiedergabe der einzelnen Festsetzungen nicht zu legen, da das Papier in beiden Exemplaren in den Händen der Gründer bleibt. Sodann erscheint es aber zweckmäßig, auszusprechen, daß, wenn auf Grund einer schriftlichen Beteiligungserklärung, welche einen bestimmten Betrag der Beteiligung erkennen läßt, der Erklärende in einer der Gründungs-Generalversammlungen oder fernerhin als Aktionär Rechte ausgeübt oder Pflichten erfüllt hat, er der auf Grund seiner Erklärung als eines Nachweises der Zeichnung eingetragenen Gesellschaft gegenüber den Mangel jener Erfordernisse nicht mehr geltend machen kann. Für diesen Fall erscheint es auch zutreffend, auszusprechen, daß in der Erklärung enthaltene Vorbehalte oder Einschränkungen als nicht geschrieben zu erachten sind.

Ganz erhebliche Bedenken erregen die vom Entwurfe zum Zwecke der sachlichen selbstthätigen Prüfung im Gründungsverfahren normierten Bestimmungen. Es fragt sich, ob der hier gewollte Apparat und der durch dessen Anwendung im Publikum erweckte Anschein in richtigem Verhältnisse zu den möglichen Leistungen steht. Behufs ernstlicher Prüfung des Handelns der Gründer im Interesse der Gesellschaft sollen bei Simultan- und Successivgründung an Stelle der Gründer und durch Sondervorteile Interessierten, die zu Mitgliedern des Vorstandes und Aufsichtsrates bestellt sind, Stellvertreter die Prüfungsfunktion ausüben und beim Prüfungsberichte mitwirken. Bei der Successivgründung bedarf es zweier Generalversammlungen. Denkt man sich bei ihr alles glatt verlaufen, so stellt sich die Sache nach dem äußeren Anschein so dar: Eine Generalversammlung hat unbefangene Leute zur Prüfung des Gründungsherganges gewählt. Diese haben geprüft. Eine zweite Generalversammlung, unter Leitung des Handelsgerichtes, hat den Prüfungsbericht, welcher alles in Ordnung und das Interesse der Gesellschaft gewahrt erachtet, mit seinen mündlichen Erläuterungen entgegengenommen und danach beschlossen, die Gesellschaft zu errichten. Was hier äußerer Anschein genannt wird, darf das Publikum als innere Wahrheit betrachten, da ja der Entwurf selbst dieses Verfahren vom Gesichtspunkte einer wirklichen materiellen Garantie aufstellt. Für den Fall der Simultangründung, wo also lediglich Gründer sich beteiligen, müßten natürlich diese auch die unbefangenen Stellvertreter wählen. Hier werfen die Motive selbst die Frage auf, aus welchen Kreisen die Stellvertreter kommen sollen. In der That ist nicht abzusehen, wer sich dazu bereit finden lassen sollte, ohne eigenes Interesse am Zustandekommen der Gesellschaft, ohne eine Belohnung dafür zu erhalten — denn die Ausbildung eines Berufes gewerbsmäßiger Gründungsprüfer würde sicher keine Garantie geben und wenn der Prüfer eine Belohnung erhält, so ist er eben wieder von den Gründern abhängig —, bloß um sich mit einer Verantwortlichkeit zu belasten, diese Prüfungsaufgabe zu übernehmen. Die Motive vermögen auch nur die Emissionshäuser, die Konsortialbeteiligten und solche, die beabsichtigen, sich in Zukunft an dem Unternehmen zu beteiligen, namhaft zu machen. Soweit letztere nicht schon eine wirkliche Interesseposition in der Richtung eingenommen haben, daß das Unternehmen zu stande komme, wird ihre Bereitwilligkeit sehr zu bezweifeln sein. Die beiden ersten Gruppen sind erheblich interessiert. Der Gesetzgeber wird sich hier also nicht darüber beschweren können, wenn gegenüber seinen anders nicht zu befriedigenden Anforderungen die Gründer ihre nicht hervorgetretenen Mitgründer, ihre Associés, ihre Prokuristen zu Stellvertretern bestellen. Der Entwurf provoziert hier gerade dazu, eine Reihe wirklicher Gründer als solche nicht hervortreten zu lassen, damit man die nötigen Stellvertreter hat. Was aber die Successivgründung anlangt, so steht die Sache nicht viel anders. Der Entwurf kann nicht verhindern, daß für eine Gründung, die in Wahrheit ausschließlich unter lauter Gründern sich vollzieht, die Formen der Successivgründung gewählt werden.

Tritt auch nur in Höhe einer Aktie statt Übernahme durch die Gründer Zeichnung ein, so muß die Gesellschaft in der Form der Successivgründung errichtet werden. Aber man braucht gar nicht an Simulationen zu denken. Auf einen Fall der Beteiligung des neutralen großen Publikums im Gründungsstadium kommen hundert Fälle der bloßen Heranziehung der Klientel und Gefolgschaft der gründenden Häuser oder der Verbindung von Korporationen und Personen, für welche die Begründung des Unternehmens Lebensfrage ist, mit zur Finanzierung desselben gewonnenen Firmen. Hier ist die Successivgründung der legitime Ausdruck des wirklichen Herganges. Wo soll hier aus den Kreisen der Zeichner, selbst wenn die Intelligenz, die zum Eindringen in das, was die Gründer vorenthalten wollen, befähigt, vorhanden ist, die Unabhängigkeit des Urteiles und Willens herkommen? Es ist für den unbeteiligten Durchschnittsmenschen schon eine Zwangslage, in Zeiten, in denen es noch keine öffentliche Meinung über das Unternehmen giebt, dasselbe unter Übernahme einer eigenen Verantwortung billigen oder es durch Auftreten gegen dasselbe verhindern zu sollen. Um wie viel mehr gilt dies aber für denjenigen, der ein eigenes Interesse am Zustandekommen des Unternehmens hat oder zu haben glaubt und der das Verfahren von Personen beurteilen soll, die ihm in Behandlung und Beurteilung der geschäftlichen Verhältnisse überlegen sind. Wenn in den Gründerjahren als Mitglieder des Aufsichtsrates aus den Zeichnerkreisen zugezogenen Personen beim Einblick in die Gründung Bedenken aufstiegen, so haben sie dieselben entweder im Vertrauen auf den Stern der leitenden Häuser überwunden, oder sie haben sich unter Vorwänden aus dem Aufsichtsrat herausgezogen. Das entspricht der menschlichen Natur. Es mag im Einzelfalle bei besonders guten Unternehmungen gelingen, angesehene Männer zu der Prüfung heranzuziehen, die um der Güte des Unternehmens willen des Amtes wie öffentliche Censoren walten. Diese Unternehmungen bedürften der Prüfung nicht. Ist aber der Apparat in der Durchschnittszahl der Fälle ohne Nutzen, so ist er schädlich. Es schadet dem Ansehen des Gesetzes bei den Gründern und dem notwendigen Gefühl ihrer Verantwortlichkeit, es beeinträchtigt und täuscht das Urteil des Publikums, wenn die allein vorhandene Gemeinschaft von Interessenten, die eben gründen und das Unternehmen ins

Leben rufen wollen, künstlich in verschiedene Gruppen mit dem Schein der Erfüllung verschiedener Aufgaben in äußerlich prätentiösen Akten zerlegt wird.

Es giebt für die Ordnung der Errichtung der Aktiengesellschaft nur zwei Alternativen. Entweder man muß eine Behörde ins Leben rufen — man statte sie, mit welchen Garantien der Unabhängigkeit und Geschäftskunde man wolle, aus —, welche nach materieller Prüfung über die Zulassungswürdigkeit entscheidet. Es wäre thöricht, leugnen zu wollen, daß alsdann manche ungesunde Unternehmungen verhindert werden. Aber man muß alsdann die Konsequenz in den Kauf nehmen, daß damit den zugelassenen Gesellschaften beim Publikum eine besondere Autorität verliehen wird und das Publikum die Irrtümer dieser Behörde zu bezahlen hat. Oder man muß das Errichtungsverfahren so gestalten, daß für die Gründer wie für das Publikum eindringlich klar wird, wie die Sicherheit wesentlich nur auf der Vertrauenswürdigkeit der Gründer, dem Maße, das ihnen ihre eventuelle Verantwortlichkeit auferlegt und der selbstthätigen Prüfung des Publikums, für welche die Gründer selbst die erforderlichen Grundlagen zu beschaffen haben, beruht. Wählt man den zweiten Weg, so ist statt des Prüfungsberichtes des Aufsichtsrates und Vorstandes, der in der Regel so nichtssagend wie möglich ausfallen wird, um nur kein ausgiebiges Material für Geltendmachung der Verantwortlichkeit zu gewähren, für den Fall von Sacheneinlagen und Übernahmen ein **Bericht der Gründer** mit obligatorischem Inhalt zu erfordern. Die Gründer sollen in demselben die uninteressierten Beteiligungen den durch Einlagen und Vergütungsempfänge interessierten nach Personenzahl und Summen gegenüberstellen, den Gründungsaufwand nach Positionen und Namen der Empfänger spezifizieren, die Höhe des der Gesellschaft verbleibenden Betriebskapitals, die wertgemäße Verteilung der Vergütungen auf feste Anlagen und Betriebsmaterialien, die in Betreff der Zeit der Zahlung der Vergütungen getroffenen Vereinbarungen, die auf den zu erwerbenden Grundstücken ruhenden Schulden und die in betreff ihrer Tilgung geltenden Bestimmungen angeben. Der Bericht soll aber ferner den Inhalt der dem Erwerbe der Gesellschaft vorausgegangenen, aber schon in Hinzielung auf denselben abgeschlossenen Rechtsgeschäfte, die Dauer der Besitzzeit des Einlegers oder Überlassers und die früheren

Erwerbs- und Herstellungspreise der Vermögensstücke aus den letzten zwei Jahren angeben. Solcher Bericht verleiht der lakonischen Festsetzung im Gesellschaftsvertrage erst ein individuelles Leben. Er gewährt erst den richtigen Anhalt für eine spätere Beurteilung, ob die Gründer die Gesellschaft böslich geschädigt haben. Die Scheidung des Entwurfs zwischen den Rechtsgeschäften, die dem Entwurfe der Gesellschaft unmittelbar zu Grunde liegen, deren Inhalt offengelegt werden soll, und den vorausgegangenen, in Hinzielung auf den Gesellschaftserwerb geschlossenen, deren Inhalt die Gründer verschweigen dürfen, während sie doch wieder der prüfende Aufsichtsrat und Vorstand in Betracht ziehen soll — man ersieht nicht, woher sie dieser entnehmen soll —, ist künstlich und vereitelt den Zweck der gesonderten Angabe der Gründungsbelohnungen. Vom Standpunkte des Entwurfs sind die Offenlegungspflichten der Gründer je nach dem Geschick, mit dem sie operieren, verschieden. Ist ihnen das Grundstück vom Eigentümer zu 700 000 Mark für die Gründung angestellt, wollen sie aber dabei 300 000 Mark in Aktien verdienen, so müssen sie, wenn sie den Eigentümer an die Gesellschaft veräußern lassen, die 300 000 Mark Aktien als ihre Belohnung offenlegen. Lassen sie aber einen Tag vor Errichtung des Gesellschaftsvertrages vom Eigentümer zunächst an sich veräußern, so bringen sie das Grundstück für eine Million Mark ein und ihr Profit bei der Gründung bleibt verdeckt. Sollte es die Meinung des Entwurfes sein, daß letzteres eine unerlaubte Umgehung des Gesetzes sei, so wäre es gewiß für die Sicherheit der Gründer erforderlich, dies auszusprechen. Auf die Kenntnis der Schiebungen, die schon im Hinblick auf die Gründung stattgefunden haben, hat das Publikum ein Recht. Gestattet das Gesetz, daß sich die Gründer bei der Gründung jede Belohnung zu Lasten der Gesellschaft zusprechen, sobald nur keine bösliche Schädigung begangen ist, so darf das Publikum volle Offenlegung alles vom Zeitpunkt der Fassung des Gründungsentschlusses Geschehenen fordern, und es soll nicht ein Vorhang vor das Geschehene dadurch gezogen werden können, daß die formale Position, die im Augenblick der Errichtung des Gesellschaftsvertrages besteht, sich mit dessen Inhalt deckt. Sind die aufgetretenen Gründer die wirklichen Gründer, so wird mit diesen Berichtsangaben nicht mehr von ihnen gefordert, als was sie wissen können.

Insbesondere soll ja nach den diesseitigen Vorschlägen der Inferent von Sacheneinlagen immer Gründer sein.

Dieser Gründerbericht liegt aber auch gerade im Interesse der Gründer selbst. Das ihnen vom Entwurf gewährte Recht, die Vorgeschichte der Gründung zu verschweigen, wird in Wahrheit für sie zur Schlinge, wenn sie doch Gefahr laufen müssen, daß in Zukunft von einer Schätzung der Einlage oder des überlassenen Vermögensstücks unter dem Eindrucke des Niederganges des Unternehmens aus, bei der doch die Vorgeschichte an das Licht gezogen wird, ihre Gründung als eine bösliche erachtet wird. Müssen sie selbst diese Vorgeschichte gleich angeben, so finden sie gerade bei wahrheitsgemäßer Angabe den besten Schutz gegen solche nachträgliche Beurteilung. Sie sollen aber auch — und damit erledigen sich die Bedenken gegen die umfassende Angabepflicht — nicht für die Angaben schlechthin, sondern eben nur, wenn sie böslich unrichtige Thatsachen vortragen oder wahre entstellen, eine Verantwortung übernehmen. Die Verantwortung für bösliche Schädigungen der Gesellschaft durch Einlagen oder Übernahmen, wie sie der Art. 213a den Gründern auferlegt, die in dieser Allgemeinheit allerdings für die Gründer die Gefahr nicht ausschließt, daß man aus einer bloßen späteren Minderschätzung des Vermögensstücks unter Ignorierung der zur Zeit der Gründung berechtigten Hoffnungen die Böslichkeit folgert, soll hierdurch ihre Unbestimmtheit verlieren. Es soll solche bösliche Schädigung nur dann angenommen werden, wenn die Gründer in den Angaben, die Art. 209b erfordert, oder in dem Gründerberichte in böslicher Weise falsche Thatsachen behauptet oder wahre entstellt haben.

Im Falle der Successivgründung wird eine Generalversammlung zum formellen Abschluß der bisherigen Verhandlungen und zur Wahl des Aufsichtsrats allerdings erforderlich sein. In dieser werden die Zeichnungsscheine, die zur Ausführung von Sachen-Einlagen oder Übernahmen geschlossenen Verträge und der Gründerbericht vorzulegen, letzterer auch auf Verlangen zu erläutern sein.

Die Vorschrift, daß der Vorstand und Aufsichtsrat den Gründungshergang bei eigener Verantwortung zu prüfen habe, kann allerdings nicht entbehrt werden. Sie soll, gerade weil in diesen Organen zur Zeit hauptsächlich Gründer und mit ihnen Verbundene fungieren werden, die Gründer zur Einhaltung eines Maßes in ihren Wertfestsetzungen zwingen, welcher sie sich als bloße Gründer ohne Verantwortung entziehen könnten. Auch hat sich diese Prüfung in betreff der Angemessenheit nicht bloß, wie der Entwurf vorschreibt, auf die Beträge für Einlagen und Übernahmen, sondern auch auf die Gründungsvergütungen des Art. 209b Absatz 3 zu erstrecken, da die bloße Offenheit nichts nützt, wenn hier maßlose Summen in Aktien oder Geld gewährt werden. Aber diese Prüfung ist nicht mit dem Schwergewicht einer besonderen Berichterstattung und einer erneuten Generalversammlung zu versehen. Die zwei Generalversammlungen sind in Frankreich bei Gründungen mit Apports bereits lange in Geltung, ohne daß man ihnen eine Verhinderung der Mißbräuche zuschreiben kann. Nur wenn ein Mitglied des Vorstandes oder Aufsichtsrates seine Mitwirkung bei der Anmeldung beanstandet oder vor der Anmeldung seine Funktion niederlegt, erscheint im Falle der Successivgründung die Berufung einer neuen Generalversammlung zur erneuten Entschließung, ob von der beschlossenen Errichtung der Gesellschaft wieder abzusehen, zweckmäßig. In dieser Versammlung soll von den Gründern und den übrigen Mitgliedern des Vorstandes und Aufsichtsrates das ihnen über den Grund jener Beanstandung oder Niederlegung Bekannte mitgeteilt, auch das betreffende Mitglied des Vorstandes oder Aufsichtsrates gehört werden. So wird die Möglichkeit ernsthafter Entschließungen in dazu geeigneten Fällen gewährt, ohne das Gründungsverfahren in allen Fällen mit Scheinakten solcher Entschließungen zu belasten.

Wenn nach diesen Tendenzen die Generalversammlung unter Leitung des Gerichtes wegfällt, so möchte dies nicht zu bedauern sein. Auch hier steht der für das Publikum erzielte Eindruck mit dem, was geleistet werden kann und soll, in zu großem Mißverhältnis. Wenn das große Publikum hört und sieht, wie infolge der durch die bisherigen Mißbräuche hervorgerufenen Gesetzesreform nunmehr der Richter die Gründungsgeneralversammlung leite und leiten müsse, so erscheint für dasselbe der Eindruck, daß hiermit eine große und starke Garantie geschaffen sei, unabweislich. Und doch soll der Richter nur eine formelle, von den Anträgen der Interessenten abhängige Thätigkeit ausüben. Er soll dabei die Zeichner gegen das natürliche Übergewicht der Gründer schützen, indem er für die Verlangen der ersteren nach Aufklärung Beachtung erzwingt, auch deren vielleicht nur schüchternen und unsicher tastenden Bedenken zu zielbewußten und festen Formulierungen verhilft. Allein in der größten Mehrzahl der Fälle ist in Wahrheit gerade in dieser Gründungsversammlung keine Oppositionsstimmung vorhanden. Bei allen Spekulationsgründungen ist eben die Spekulationsstimmung von den Gründern auf die Zeichner übertragen. Hat sie bei den letzteren bis zu dieser Generalversammlung nicht erhalten werden können, so wird, weil es danach an einer empfänglichen Stimmung des Publikums fehlt, das Unternehmen auch von den Gründern aufgegeben werden. Außerdem wird gerade, wenn die Gründer statt der Simultangründung die Successivgründung wählen, alles vorher so vollkommen vorbereitet sein, daß sich vor dem Handelsrichter ein reiner Formalakt glatt abspielt. Je hervorragender die Kapazitäten der gründenden Häuser, um so vollkommener. Allerdings bleibt der Vorteil bei der richterlichen Leitung der Generalversammlung vorhanden, daß der Richter für die Hebung der Anstände sorgen kann, die er andernfalls der Eintragung der Gesellschaft entgegenstellen müßte und bisher im schriftlichen Dekreturverfahren entgegenstellte. Dieser Vorteil wird nicht zuletzt den Gründern zugute kommen, die, nachdem die ersten Proben mit einer Successivgründung ergeben haben, daß die richterliche Leitung keine erhebliche Beschwernis bietet, vielleicht gerade dieses Vorteiles und des äußeren Reliefs wegen mit Vorliebe die Successivgründung wählen. Unterstellt man nun die Wiederkehr einer Gründungsepoche, wie der verlaufenen, und denkt man sich den Handelsrichter der großen Spekulationscentren täglich mit Leitung von Gründungsgeneralversammlungen beschäftigt, so ist es doch zweifelhaft, ob dies eine Position ist, wie man sie für das Ansehen des Richters zu wünschen hat. Als der Abgeordnete Lasker in der Sitzung des preußischen Abgeordnetenhauses vom 7. Februar 1873 die bekannten Eröffnungen über die Mißbräuche beim Eisenbahn-Konzessions- und Gründungswesen machte, geriet unter dem Eindruck des Sensationellen der Mitteilungen die durchaus unverfängliche Thatsache, daß ein Handelsrichter von unantastbarem Charakter entgegen den Auffassungen seiner Vorgänger und des Kammergerichts die Pommersche Centralbahngesellschaft als eine in betreff ihrer Gründung noch nach den

Vorschriften vor Erlaß der Aktiennovelle zu beurteilende angesehen und, weil diesen Vorschriften genügt war, eingetragen hatte, in eine derartige Beleuchtung, daß sie, wie die stenographischen Berichte zeigen, mit „Hört, hört, pfui" aufgenommen wurde. Welche Perspektiven eröffnen sich danach, wenn man in einer erneuten Periode des Spekulationsaufschwungs den Richter inmitten der Gründungsverhandlungen in Thätigkeit sehen sollte, materiell nichts hindernd, dagegen, wie es gar nicht anders möglich, zur Ebnung des Weges bei Formenschwierigkeiten und äußeren Unregelmäßigkeiten mitwirkend, für eine neue Periode des Niederganges! Ob es dem gegenüber ins Gewicht fallen kann, daß die Technik des Gründungsapparats bei richterlicher Leitung der Generalversammlung eine vollkommnere ist, muß doch sehr bezweifelt werden.

Beruht aber der Vorschlag des Entwurfes auf einer abfälligen Beurteilung des Verhaltens der Notare in der Gründerzeit, so muß aus den Erfahrungen jener Jahre heraus darauf hingewiesen werden, daß sich die Einsicht in das, was heute als Gründerpraktiken alle Welt kennt und bezeichnet, auch für die instrumentierenden Personen nur sehr allmählich herausgebildet hat. Es mag sein, daß hier und da ein Notar seine Mitwirkung zu Akten geliehen hat, die er als Scheinakte hätte erkennen sollen. Möglich war solche Erkenntnis nur dann, wenn die Interessenten auch ihre geheimen Transaktionen in Gegenwart des instrumentierenden Beamten vornahmen oder ihn wegen derselben um Rat fragten. Hätte der Handelsrichter instrumentiert, so würden die offiziellen Akte gerade so aufgenommen worden sein, wie sie die Notare aufgenommen haben.

Erforderlich erscheint ferner eine Erweiterung des Umfanges der Veröffentlichungen in betreff der Errichtungshergänge. Sollen sich das Publikum und seine Vertrauensmänner, die Bankiers, ein Urteil über das Unternehmen bilden, so muß man sie nicht über das Notdürftige hinaus auf die Beilageakten zum Handelsregister verweisen. Diese werden erst nachgesehen, wenn es gilt, einen Entschädigungsanspruch zu begründen. Die Öffentlichkeit des Registers über das in den Auszügen bekannt Gegebene hinaus ist eine fiktive. Prinzipiell das Richtigste wäre es, ein Blatt zu schaffen, in welchem alle Errichtungs- und Gründungsakte betreffend die Aktien- und Kommanditaktiengesellschaften durch den Gesellschaftsvorstand zum Abdruck zu bringen wären. Dadurch würde Geschäftsmännern und der unabhängigen Presse ein wesentliches Hilfsmittel für die Beurteilung der Gesellschaft und der über sie verbreiteten Nachrichten gegeben. Für den Gesamteindruck ist alles wichtig, auch wer die Personen der Zeichner sind. Auch würde eine Veröffentlichung des Inhaltes des Gesellschaftsvertrages, bevor Zeichnungen erfolgen können, zweckmäßiger sein als die Anfüllung des bei den Gründern verbleibenden Zeichnungsscheines mit Angaben. Zum mindesten aber müßte bei Gesellschaften mit Sacheneinlagen oder Übernahmen dem Vorstande aufgegeben werden, binnen bestimmter kurzer Frist nach Eintragung des Gesellschaftsvertrages den Gründerbericht und die dem Handelsrichter vorgelegten, zur Ausführung des Erwerbes der Gesellschaft abgeschlossenen oder demselben zu Grunde liegenden Rechtsgeschäfte nach vollem Inhalte im Reichsanzeiger einmal zum Abdruck zu bringen.

Es bedarf ferner, wenn die die Gründer betreffenden Vorschriften nicht illusorisch werden sollen, des Verbotes des Handels mit den Aktien vor Eintragung der Gesellschaft, beziehentlich vor Veröffentlichung des Gründerberichtes. In der Gründerperiode sind oft genug, während die Gesellschaft noch im Gründungsstadium war, schon die Aktien öffentlich zum Kauf ausgeboten und in der Kulisse gehandelt worden. Wenn das Publikum schon vor Abschluß der Errichtungshergänge und vor Eintragung zur Abnahme der künftigen Aktien mit allen Mitteln der Anpreisung angelockt wird und sich zu solcher wirksam verbindlich machen kann, so kommen die vom Gesetz zum Schutze gegen Übereilungen und zum Zwecke der Offenlegung der Sachlage bei der Gründung wie der Bildung eines besonnenen Urteiles angeordneten Maßregeln zu spät. Der Art. 215c Abs. 3 des Entwurfes trifft nur die Ausgabe der Anteilsurkunden, nicht den Abschluß von Geschäften. Er hindert nicht den Verkauf auf Lieferung der Papiere, sobald sie erscheinen können. Auch das französische Gesetz verbietet neben der vorzeitigen Emission die davon verschiedene Negotiation. Selbstverständlich kann das Verbot nicht die öffentliche Aufforderung zu Primitivzeichnungen treffen. Für den Schutz der Primitivzeichner wird durch das Gesetz Vorsorge getroffen. Auch kann die private Übertragung der Rechte und Pflichten aus der Aktienübernahme und Zeichnung nicht gehindert werden. Wohl aber können das öffentliche Angebot zum Aktienkauf und analog den Vorschriften des Reichsgesetzes, betreffend die Inhaberpapiere mit Prämien vom 8. Juni 1871, der öffentliche Handel mit den Aktien, damit aber die erfolgreichsten Absatzmittel, verboten werden. Der Abänderungsvorschlag, welcher diesen Punkt betrifft, kann indessen erst bei Abschnit IV gemacht werden, weil, wie dort bei der Verantwortlichkeit der Emissionshäuser auszuführen, als der entscheidende Akt, nach welchem erst ein öffentlicher Handel mit den Aktien statthaft ist, der der Zulassung der Aktien zur Börse angesehen werden soll.

Endlich erscheint es aber zweckmäßig, vorzuschreiben, daß das Handelsregister betreffend die Aktiengesellschaften und Kommanditaktiengesellschaften bei den Landgerichten durch eine Kammer für Handelssachen oder, wo eine solche nicht besteht, durch eine Civilkammer zu führen ist. Erfolgt solche Vorschrift im Aktiengesetz nicht, so wird es dabei bleiben, daß, wie bisher, in den meisten Einzelstaaten diese Führung dem Amtsrichter anheimfällt. Mit der großen Fürsorge des Gesetzes für die Gestaltung der Errichtungshergänge harmoniert dies nicht. Es stehen zu wichtige Interessen und insbesondere auch bei der Eintragung von Statutenänderungen zu subtile Rechtspunkte in Frage.

Die angestellten Erörterungen führen zu folgenden Abänderungsvorschlägen:

Entwurf.

Artikel 209, Absatz 1.

Der Inhalt des Gesellschaftsvertrages (Statut) muß durch mindestens fünf Aktionäre (Gründer) in gerichtlicher oder notarieller Verhandlung festgestellt werden. In derselben ist zugleich der Betrag der von jedem Gründer übernommenen Aktien anzugeben.

Artikel 209b, Absatz 2 und 3.

Werden auf das Grundkapital von Aktionären Einlagen, welche nicht in baarem Gelde bestehen, gemacht oder seitens der zu errichtenden Gesellschaft vorhandene oder herzustellende Anlagen oder sonstige Vermögensstücke übernommen, so müssen die Person des Aktionärs oder des Kontrahenten, der Gegenstand der Einlage oder der Uebernahme und der Betrag der für die Einlage zu gewährenden Aktien oder die für den übernommenen Gegenstand zu gewährende Vergütung in dem Gesellschaftsvertrage festgesetzt werden.

Von diesen Festsetzungen gesondert ist der Gesammtaufwand, welcher zu Lasten der Gesellschaft an Aktionäre oder Andere als Entschädigung für die Gründung oder deren Vorbereitung gewährt wird, in dem Gesellschaftsvertrage festzusetzen.

Artikel 209d.

In dem Falle, daß nicht sämmtliche Aktien durch die Gründer übernommen werden, muß der Errichtung der Gesellschaft die Zeichnung der übrigen Aktien vorhergehen. Zur Zeichnung genügt eine schriftliche Erklärung (Zeichnungsschein). Der Zeichnungsschein, welcher in zwei Exemplaren zu unterzeichnen ist, hat zu enthalten:

1. das Datum des Statuts, die im Art. 209, Abs. 2, 209b vor-

Änderungsvorschlag.

Artikel 209, Absatz 1.

Der Inhalt des Gesellschaftsvertrages (Statut) muß durch mindestens fünf Personen, welche Aktien übernehmen, in gerichtlicher oder notarieller Verhandlung festgestellt werden. Als Übernehmer von Aktien ist auch derjenige anzusehen, welcher sich zu einer nicht in barem Gelde bestehenden Einlage auf das Grundkapital gegen Gewährung von Aktien verpflichtet. Derselbe muß an der Feststellung des Inhaltes des Gesellschaftsvertrages in der bezeichneten Verhandlung teilnehmen. Alle an dieser Feststellung sich beteiligenden Übernehmer von Aktien gelten als Gründer der Gesellschaft und haben sich als solche in der Verhandlung zu bezeichnen. In der Verhandlung ist zugleich der Betrag der von jedem Gründer übernommenen Aktien anzugeben.

Artikel 209b, Absatz 2.

Werden auf das Grundkapital Einlagen, welche nicht in barem Gelde bestehen, gemacht oder seitens der zu errichtenden Gesellschaft vorhandene oder herzustellende Anlagen oder sonstige Vermögensstücke übernommen, so müssen die Person des Kontrahenten[1], der Gegenstand der Einlage u. s. w.

Artikel 209d.

In dem Falle, daß nicht sämtliche Aktien durch die Gründer übernommen werden, muß der Errichtung der Gesellschaft die Zeichnung der übrigen Aktien vorhergehen. Zur Zeichnung genügt eine schriftliche Erklärung (Zeichnungsschein). Der Zeichnungsschein ist in zwei Exemplaren zu unterzeichnen.

Er hat außer dem Datum der Zeichnung, der Anzahl der

[1] Die Bezeichnung der Person des Einlegenden im Statut wird dadurch nicht überflüssig, daß er in der Verhandlung der Statutenfeststellung mit auftreten muß.

Entwurf.

gesehenen Festsetzungen und im Falle verschiedener Gattungen von Aktien den Gesammtbetrag einer jeden;

2. den Namen, Stand und Wohnort der Gründer;

3. den Zeitpunkt, mit dessen Eintritt die Zeichnung unverbindlich wird, sofern nicht bis dahin die Errichtung der Gesellschaft beschlossen ist.

Zeichnungsscheine, welche diesen Erfordernissen nicht entsprechen oder außer dem unter Ziffer 3 bezeichneten Vorbehalte Beschränkungen in der Verpflichtung des Zeichners enthalten, sind zum Nachweise der Zeichnung des Grundkapitals ungeeignet. Jede nicht in dem Zeichnungsschein enthaltene Beschränkung ist der Gesellschaft gegenüber unwirksam.

Änderungsvorschlag.

Aktien, welche gezeichnet werden, sowie ihrer Art oder Gattung im Falle des Vorhandenseins verschiedener Arten oder Gattungen zu enthalten:

1. das Datum des Statuts, die im Artikel 209, Absatz 2, 209b vorgesehenen Festsetzungen und im Falle verschiedener Gattungen den Gesamtbetrag einer jeden;
2. den Namen, Stand und Wohnort der Gründer;
3. den Zeitpunkt, mit dessen Eintritt die Zeichnung unverbindlich wird, sofern nicht bis dahin die Errichtung der Gesellschaft beschlossen ist.

Zeichnungsscheine, welche diesen Erfordernissen nicht entsprechen oder außer dem unter Ziffer 3 bezeichneten Vorbehalte Beschränkungen in der Verpflichtung des Zeichnens enthalten, sind zum Nachweise der Zeichnung des Grundkapitals ungeeignet.

Artikel 209e.

Jede nicht in dem Zeichnungsschein enthaltene Beschränkung ist der Gesellschaft gegenüber unwirksam.

Die Zeichnung von Aktien einer zu errichtenden Gesellschaft, welche nicht den im Artikel 209d, Absatz 2 für einen Zeichnungsschein aufgestellten Erfordernissen entspricht, ist für den Zeichner unverbindlich.

Hat aber auf Grund einer schriftlichen Erklärung, welche eine Beteiligung in einem nach Anzahl und Nominalbetrag der Aktien, sowie im Falle des Vorhandenseins verschiedener Arten oder Gattungen von Aktien nach Art oder Gattung derselben bestimmten Umfange erkennen läßt, der Erklärende in der zur Beschlußfassung über die Errichtung der Gesellschaft berufenen Generalversammlung oder fernerhin als Aktionär Rechte ausgeübt oder Pflichten erfüllt, so ist er der auf Grund der Erklärung als eines Nachweises der Zeichnung in das Handelsregister eingetragenen Gesellschaft wie aus einem verbindlichen Zeichnungsscheine verpflichtet. Auch sind in diesem Falle in der Erklärung befindliche Vorbehalte oder Einschränkungen der eingetragenen Gesellschaft gegenüber unwirksam.

Änderungsvorschlag.

Artikel 209f.

Im Falle von Einlagen oder Übernahmen der im Artikel 209b, Absatz 2 bezeichneten Art haben die Gründer einen schriftlichen Bericht über die Gründung abzufassen, in welchem nach Personenzahl und Höhe der Beteiligung die Aktionäre, welchen Vergütungen zu Lasten der Gesellschaft in keiner Weise gewährt werden, denjenigen, welche solche empfangen, gegenüberzustellen sind und welcher eine Berechnung des Gründungsaufwandes unter Aufführung der einzelnen darunter fallenden Entschädigungen und Belohnungen nach Art und Höhe, sowie Personen der Empfänger, den Betrag des der Gesellschaft verbleibenden Betriebskapitales, die wertsgemäße Verteilung der auf Einlagen und Übernahmen entfallenden Vergütungen auf feste Anlagen und Betriebsmaterialien, die in betreff der Zahlungszeit für die baren Vergütungen getroffenen Festsetzungen, den Betrag der auf den zu erwerbenden unbeweglichen Sachen ruhenden Schulden und die in betreff ihrer Tilgung geltenden Vereinbarungen zu enthalten hat.

In dem Bericht haben die Gründer ferner den Inhalt der von ihnen in Hinzielung auf den Erwerb der Gesellschaft geschlossenen Vorverträge, die Dauer der Besitzzeit desjenigen, welcher die Einlage macht oder das Vermögensstück überläßt, und die früheren Erwerbs- oder Herstellungspreise des Gegenstandes der Einlage oder der Übernahme aus den letzten zwei Jahren anzugeben.

Liegt nur der Fall des Artikel 209b, Absatz 3 vor, so haben die Gründer eine schriftliche Berechnung des Gründungsaufwands aufzustellen, in welcher die Vergütungen nach Art und Höhe und die Empfänger einzeln aufzuführen sind.

Artikel 209g.

In dem Falle, daß die Gründer nicht alle Aktien übernommen haben, ist von denselben nach erfolgter Zeichnung der nicht übernommenen Aktien eine Generalversammlung der Aktionäre zur Beschlußfassung über die Errichtung der

Entwurf.

Artikel 209e.

Jede Aktiengesellschaft muß einen Vorstand und einen Aufsichtsrath haben.

Die Bestellung des Vorstandes und des Aufsichtsraths findet in dem Falle, daß die sämmtlichen Aktien von den Gründern übernommen werden, gleichzeitig mit der Errichtung der Gesellschaft oder in einer besonderen gerichtlichen oder notariellen Verhandlung statt. Anderenfalls hat nach der Zeichnung des Grundkapitals die Bestellung des Aufsichtsraths und, sofern der Gesellschaftsvertrag für die Bestellung des Vorstandes nicht einen anderen Zeitpunkt vorsieht, auch diese in einer von den Gründern zu berufenden Generalversammlung zu erfolgen.

Artikel 209f.

Die Mitglieder des Vorstandes und des Aufsichtsraths haben den Hergang der Gründung zu prüfen. Zu dem Behufe müssen für Mitglieder, welche zugleich Gründer sind, oder im Falle des Artikels 209b

Änderungsvorschlag.

Gesellschaft zu berufen. In dieser Versammlung sind die Zeichnungsscheine, sowie im Falle des Artikel 209b die den dort bezeichneten Festsetzungen zum Grunde liegenden oder zu ihrer Ausführung geschlossenen Verträge und der im Artikel 209f vorgesehene Gründerbericht, oder sofern nur der Fall des Artikel 209b, Absatz 3 vorliegt, die im Artikel 209f, Absatz 3 vorgesehene Berechnung des Gründungsaufwands vorzulegen.

Die der Errichtung der Gesellschaft zustimmende Mehrheit der erschienenen Aktionäre muß mindestens ein Vierteil sämtlicher Aktionäre begreifen und der Betrag ihrer Anteile mindestens ein Vierteil des gesamten Grundkapitals darstellen. Die Zustimmung aller erschienenen Aktionäre ist erforderlich, wenn die im Artikel 209, Ziffer 1 bis 4 und 209a bezeichneten Bestimmungen des Gesellschaftsvertrages abgeändert oder die im Artikel 209b vorgesehenen Festsetzungen zu Lasten der Gesellschaft erweitert werden sollen.

Die Beschlußfassung ist zu vertagen, wenn es von den Aktionären mit einfacher Stimmenmehrheit verlangt wird.

Artikel 209h.

Jede Aktiengesellschaft muß einen Vorstand und einen Aufsichtsrat haben.

Die Bestellung des Vorstandes und des Aufsichtsrats findet in dem Falle, daß die sämtlichen Aktien von den Gründern übernommen werden, gleichzeitig mit der Errichtung der Gesellschaft oder in einer besonderen gerichtlichen oder notariellen Verhandlung statt.

Anderenfalls hat die Bestellung des Aufsichtsrats und, sofern der Gesellschaftsvertrag die Bestellung des Vorstandes nicht in anderer Weise vorsieht, auch diese in der nach Artikel 209g zur Beschlußfassung über die Errichtung der Gesellschaft berufenen Generalversammlung zu erfolgen.

Artikel 210.

Die Mitglieder des Vorstandes und des Aufsichtsrats haben den Hergang der Gründung zu prüfen. Die Prüfung hat sich auf die Richtigkeit und Vollständigkeit der Angaben, welche rücksichtlich der

Entwurf.

ein Vermögensstück eingelegt oder überlassen oder sich einen besonderen Vortheil ausbedungen haben, Stellvertreter bestellt werden.

Die Prüfung hat sich auf die Richtigkeit und Vollständigkeit der Angaben, welche rücksichtlich der Zeichnung und Einzahlung des Grundkapitals und der im Artikel 209b vorgesehenen Festsetzungen von den Gründern gemacht sind, sowie darauf zu erstrecken, ob die Höhe der für eingelegte oder übernommene Gegenstände gewährten Beträge durch die Verhältnisse gerechtfertigt erscheint. Hierbei sind insbesondere die dem Erwerbe der Gesellschaft vorausgegangenen Rechtsgeschäfte, welche auf denselben hingezielt haben, sowie die früheren Erwerbs- und Herstellungspreise aus den letzten zwei Jahren in Betracht zu ziehen.

Änderungsvorschlag.

Zeichnung und Einzahlung des Grundkapitals und der im Artikel 209b vorgesehenen Festsetzungen von den Gründern gemacht sind, sowie unter Prüfung des Gründerberichts und der Berechnung des Gründungsaufwandes darauf zu erstrecken, ob die Höhe der für eingelegte oder übernommene Gegenstände, sowie für Entschädigungen oder Belohnungen gewährten Beträge durch die Verhältnisse gerechtfertigt erscheint. Die Prüfenden können von den Gründern die Vorlegung der urkundlichen Grundlagen ihres Berichts fordern.

Verweigert ein Mitglied des Vorstandes oder Aufsichtsrats seine Mitwirkung bei der Anmeldung des Gesellschaftsvertrages zum Handelsregister, oder legt dasselbe vor dieser Anmeldung seine Stellung freiwillig nieder, so haben in dem Falle, daß nicht sämtliche Aktien durch die Gründer übernommen sind, diese eine neue Generalversammlung der Aktionäre zur Beschlußfassung, ob die beschlossene Errichtung der Gesellschaft wieder aufzugeben, zu berufen.

Die Beschlußfassung erfolgt mit einfacher Stimmenmehrheit der erschienenen Aktionäre. Vor derselben ist das ausgeschiedene oder seine Mitwirkung bei der Anmeldung verweigernde Mitglied des Vorstandes oder Aufsichtsrats über den Grund seiner Weigerung oder seines Ausscheidens zu hören. Ist dasselbe nicht erschienen, so haben die Gründer und die übrigen Mitglieder des Vorstandes und des Aufsichtsrats das ihnen über den Grund Bekannte zur Kenntnis der Versammlung zu bringen.

Die Beschlußfassung ist zu vertagen, wenn es von den Aktionären mit einfacher Stimmenmehrheit verlangt wird.

Verbleibt es bei der beschlossenen Errichtung der Gesellschaft, so erfolgt die Ersetzung des ausgeschiedenen oder bei seiner Weigerung verharrenden Mitgliedes des Vorstandes oder Aufsichtsrats entsprechend Artikel 209h, Absatz 3.

Artikel 210a.

Auf die Berufung und Beschlußfassung der im Artikel 209g, 209h und 210 bezeichneten Generalversammlungen finden, soweit nicht im

Entwurf.

Artikel 210.

Der Gesellschaftsvertrag muß bei dem Handelsgerichte, in dessen Bezirk die Gesellschaft ihren Sitz hat, in das Handelsregister eingetragen werden.

Der Anmeldung behufs der Eintragung in das Handelsregister müssen beigefügt sein:

1) in dem Falle des Artikels 209b die den bezeichneten Festsetzungen zum Grunde liegenden oder zu ihrer Ausführung geschlossenen Verträge und eine Berechnung des Gründungsaufwands, in welcher die Vergütungen nach Art und Höhe und die Empfänger einzeln aufzuführen sind;

2) in dem Falle, daß nicht alle Aktien von den Gründern übernommen sind, zum Nachweise der Zeichnung des Grundkapitals die Duplicate der Zeichnungsscheine und ein von den Gründern in beglaubigter Form unterschriebenes Verzeichniß der sämmtlichen Aktionäre, welches die auf jeden entfallenden Aktien, sowie die auf letztere geschehenen Einzahlungen angiebt;

3) die Urkunden über die Bestellung des Vorstandes und des Aufsichtsraths und der von denselben in Gemäßheit des Artikels 209f erstattete Bericht nebst dessen urkundlichen Grundlagen;

4) in dem Falle, daß der Gegenstand des Unternehmens der staatlichen Genehmigung bedarf, sowie in den Fällen des Artikels 207a, Absatz 2 die Genehmigungsurkunde.

In der Anmeldung ist die Erklärung abzugeben, daß auf jede

Änderungsvorschlag.

Artikel 209g ein anderes bestimmt ist, die Regeln entsprechende Anwendung, welche für die Gesellschaft nach der Eintragung maßgebend sind.

Artikel 210b.

Das Handelsregister wird für die Aktiengesellschaften bei einer Handelskammer oder in Ermangelung einer solchen bei einer Civilkammer des Landgerichtes, in dessen Bezirk die Gesellschaft ihren Sitz hat, geführt. Diese Kammer erledigt die Aufgaben, welche in diesem Titel dem Handelsgerichte der Hauptniederlassung zugewiesen sind.

Der Gesellschaftsvertrag muß in das Handelsregister eingetragen werden.

Der Anmeldung behufs der Eintragung in das Handelsregister müssen beigefügt sein:

1) in dem Falle des Artikels 209b die den bezeichneten Festsetzungen zum Grunde liegenden oder zu ihrer Ausführung geschlossenen Verträge, ferner der im Artikel 209f vorgesehene Gründerbericht, oder, sofern nur der Fall des Artikel 209b, Absatz 3 vorliegt, die in Artikel 209f, Absatz 3 vorgesehene Berechnung des Gründungsaufwandes;

2) die Urkunden über die in Artikel 209c vorgesehenen nachträglichen Übernahmen von Aktien durch Gründer, sowie in dem Falle, daß nicht alle Aktien von den Gründern übernommen sind, zum Nachweise der Zeichnung des Grundkapitals die Duplikate der Zeichnungsscheine und ein von den Gründern in beglaubigter Form unterschriebenes Verzeichnis der sämtlichen Aktionäre, welches die auf jeden entfallenden Aktien, sowie die auf letztere geschehenen Einzahlungen angiebt;

3) die Urkunden über die in den Artikeln 209g, 209h und 210 vorgesehenen Beschlüsse der Generalversammlung, sowie über die Bestellung des Vorstandes;

4) wie nebenstehend.

In der Anmeldung ist die Erklärung abzugeben, daß auf jede

Entwurf.

Aktie mindestens ein Viertheil des Betrages, soweit nicht Einlagen anzurechnen sind, baar eingezahlt und dem Vorstande übergeben sei.

Die Anmeldung muß von sämmtlichen Gründern und Mitgliedern des Vorstandes und Aufsichtsraths vor dem Handelsgericht unterzeichnet oder in beglaubigter Form eingereicht werden.

Die der Anmeldung beigefügten Schriftstücke werden bei dem Handelsgericht in Urschrift oder in beglaubigter Abschrift aufbewahrt.

Artikel 210a.

In dem Falle, daß die Gründer nicht alle Aktien übernommen haben, beruft das Handelsgericht eine Generalversammlung der in dem Verzeichniß aufgeführten Aktionäre zur Beschlußfassung über die Errichtung der Gesellschaft.

Die Versammlung findet unter der Leitung des Gerichtes statt.

Vorstand und Aufsichtsrath haben sich über die Ergebnisse der ihnen rücksichtlich der Gründung obliegenden Prüfung auf Grund ihres Beirathes zu erklären. Jedes Mitglied des Vorstandes und Aufsichtsrathes kann bis zur Beschlußfassung die Unterzeichnung der Anmeldung zurückziehen.

Die der Errichtung der Mehrheit zustimmende Mehrheit u. s. w.

Artikel 210b.

Auf die Berufung und Beschlußfassung der in Artikel 209e und 210a bezeichneten Generalversammlungen u. s. w.

Artikel 210c.

Der eingetragene Gesellschaftsvertrag ist im Auszuge von dem Handelsgericht zu veröffentlichen.

Die Veröffentlichung muß enthalten u. s. w.

Änderungsvorschlag.

Aktie mindestens ein Vierteil des Betrages, soweit nicht andere als in Geld bestehende Einlagen gemacht sind, bar eingezahlt und dem Vorstande übergeben sei.

wie nebenstehend.

fällt weg.

Absatz 4 und 5 sind in Absatz 2 und 3 des Artikel 209g aufgenommen.

ist in Artikel 210a aufgenommen.

Artikel 210c.

wie nebenstehend.

Artikel 210d.

Im Falle von Einlagen oder Übernahmen der im Artikel 209b Absatz 2 bezeichneten Art hat der Vorstand innerhalb zwei Wochen von der Eintragung des Gesellschaftsvertrages in das Handelsregister ab die den betreffenden Festsetzungen zum Grunde liegenden oder zu ihrer Ausführung geschlossenen Verträge, welche der Anmeldung zur Eintragung beigefügt waren, nach ihrem vollen Inhalte, sowie den im Artikel 209f vorgesehenen Gründerbericht im Deutschen Reichsanzeiger einmal zum Abdruck zu bringen.[1]

[1] Dieser Artikel wird unter die in Artikel 249f betreffend die Ordnungsstrafen angeführten Artikel aufzunehmen sein.

IV. Gründerverantwortlichkeit. Verantwortlichkeit der Emissionshäuser.

Es sind Äußerungen angesehener Vertreter des Handelsstandes berichtet worden, wonach der Entwurf insbesondere wegen seiner Vorschriften über die Gründerverantwortlichkeit schlechthin unannehmbar wäre, indem er die Gründer von vornherein mit dem Makel der Verdächtigkeit behafte. Es ist thöricht, solche Stimmen mit Äußerungen der Mißachtung gegen die Börse abthun zu wollen. Gelingt es nicht, die angesehenen und zuverlässigen Elemente des Handelsstandes von der Erträglichkeit und Billigkeit der Anforderungen des Gesetzes zu überzeugen, so ist der Zweck des Gesetzes verfehlt. Eine erfolgreiche Wirkung desselben setzt gerade voraus, daß die angeseheneren Kreise nicht zu Simulationen greifen, noch sich von Gründung oder Leitung von Aktiengesellschaften zurückziehen. Aber die Äußerungen erscheinen nicht zutreffend und nur von dem Gesichtspunkte aus begreiflich, daß insbesondere gegenüber den dürftigen Bestimmungen des bisherigen Gesetzes die klare und scharfe Zusammenstellung der verschiedenen Verantwortlichkeiten und ihrer Folgen zunächst einen für das Standesgefühl etwas peinlichen Eindruck machen mag. Es ist aber ein unberechtigtes Verlangen, für ein seiner Natur nach verantwortungsvolles Handeln keine Verantwortung tragen zu wollen. Gerade in einer Enthebung von der natürlichen Verantwortung wäre eine Mißachtung des hauptsächlich betheiligten Standes zu finden. Schon nach dem bisherigen Rechtszustande ist, wenn man ihn eingehend prüft, eine in ihrem Umfange nicht unbeträchtliche Verantwortung vorhanden. Weil solche in der Praxis bisher nicht sicher erkannt worden ist, geht man immer von einem Zustande der Nichtverantwortlichkeit als dem wohlerworbenen aus und bezeichnet den klaren Ausspruch einer Verantwortung als hart und tendenziös.

Die Verantwortlichkeit der Gründer aus der Gründung soll nach dem Entwurfe nur gegenüber der Gesellschaft und nicht gegenüber den einzelnen Aktienzeichnern und Aktienerwerbern bestehen. Ob diese Norm in ihrer vollen Ausnahmslosigkeit gerechtfertigt ist, wird noch an anderer Stelle erwogen werden. Der Entwurf erachtet die Gesellschaft als geschädigt, insoweit ihr Vermögensrechte fehlen, mit denen ausgestattet sie nach Gesetz und

Gesellschaftsvertrag entstehen soll, insoweit ihr Teile des Grundkapitals auf nicht offengelegte Gründerbelohnungen entzogen sind und insoweit ihr Einlagen oder Übernahmen zu einem zu hohem Preise aufgebürdet sind. Die Gründer haben für die Richtigkeit und Vollständigkeit ihrer Angaben betreffend die Zeichnung des Grundkapitals und die Einzahlungen auf dasselbe wie betreffend die Festsetzungen von Einlagen und Übernahmen im Gesellschaftsvertrage solidarisch zu haften und insbesondere das an der Zeichnung oder Einzahlung Fehlende selbst zu übernehmen, sowie von ihnen verheimlichte Vergütungen, die zu Lasten der Gesellschaft gewährt worden sind, derselben zu ersetzen. Von dieser Verantwortlichkeit befreit den Gründer der Nachweis, daß ihm trotz Anwendung der Sorgfalt eines ordentlichen Geschäftsmannes die Unrichtigkeit oder Unvollständigkeit der Angaben unbekannt geblieben. Gründer, die wissentlich zahlungsunfähige Zeichner angenommen haben, haften für den dadurch entstehenden Ausfall. Eine Härte oder Willkürlichkeit enthalten diese Bestimmungen nicht. Die Gründer müssen wissen, ob das Kapital durch Zeichnungen zusammengebracht ist, ob die Einzahlungen bei ihnen geleistet und dem Vorstande übergeben sind, ob ihre Festsetzungen im Gesellschaftsvertrage von ihnen versprochene oder gewährte Vergütungen verschweigen. Sollte einer der Gründer von den anderen in Unwissenheit gehalten worden sein, so gewährt ihm der nachgelassene Entschuldigungsbeweis das Mittel, dies geltend zu machen. Nicht aber kann wegen dieser Möglichkeit die Gesellschaft die Beweislast haben und daran scheitern, daß jeder der Gründer seine Unkenntnis behauptet und den anderen beschuldigt. Die Gründer sollen nach dem Entwurfe der Gesellschaft aber ferner auf Schadenersatz solidarisch haften, wenn diese von ihnen durch Einlagen oder Übernahmen böslich — d. i. weniger wie Arglist, mehr wie grobes Verschulden, Handeln in frevelhaftem Leichtsinn mit dem Bewußtsein der Gefahr für andere — geschädigt ist. Das bereits im vorigen Abschnitte erörterte Bedenken, daß diese Bestimmung die Lage der Gründer zu einer prekären machen könne, wird beseitigt, wenn diese Haftung auf den Fall wissentlicher Schädigung oder böslicher Wahrheitsentstellung im Gründerbericht eingeschränkt wird. Aber in die Haftung hineinzuziehen ist auch die Gewährung von Entschädigungen und Belohnungen für die Gründer, welche an sich der

Entwurf ohne Schranken zuläßt, und die damit in Verbindung stehende Spezifikation des Gründungsaufwandes, deren bösliche Unrichtigkeiten sonst ohne Verantwortung blieben. Die Böslichkeit muß natürlich den Gründern bewiesen werden.

Ferner und zwar, sofern eine Haftung der Gründer konkurriert, nur subsidiarisch sollen auf Ersatz des durch die Gründung der Gesellschaft zugefügten Schadens die Mitglieder des Vorstandes und Aufsichtsrathes haften, wenn sie — was, wie der Entwurf will, ihnen bewiesen werden muß — bei der ihnen auferlegten Prüfung die Sorgfalt eines ordentlichen Geschäftsmannes verletzt haben. Es liegt in der Natur der Sache, daß die ersten Gesellschaftsorgane, denen Zeichnungen und Einzahlungen überliefert werden, zu prüfen haben, ob sie auch wirklich dasjenige erhalten, was die Gesellschaft, um ins Leben treten zu können, nach Gesetz und Gesellschaftsvertrag haben soll und daß sie zur rechten Zeit die Mängel beanstanden. Deshalb gehört diese Prüfung in das Gründungsstadium, wie ja schon das jetzige Gesetz in betreff des Vorstandes durch die ihm obliegende Anmeldungspflicht zu erkennen giebt. Aber auch die Verantwortlicheit für richtige Prüfung der Angemessenheit der Vergütungen für Einlagen und Übernahmen, die der Entwurf verlangt, ist nicht zu entbehren und sie ist auch auf die Prüfung der Angemessenheit der für die Gründung gewährten Entschädigungen und Belohnungen, durch welche ja ganz wesentliche Teile des Grundkapitals weggegeben werden können, zu erstrecken. Die Opposition, welche gerade gegen diese Prüfungspflicht und Verantwortung gerichtet ist, schießt in ihren Gründen über das Ziel hinaus. Offenbar sind die Gesellschaftsorgane, wenn sie während Bestehens der Gesellschaft Erwerbungen vornehmen, wie jeder Geschäftsführer, zur Prüfung der Angemessenheit der Preise, die sie bewilligen, verbunden. Daß daraus unerträgliche Verfolgungschikanen entstanden wären, behauptet niemand. Es muß aber der Möglichkeit vorgebeugt werden, daß die Gründer der Gesellschaft Objekte zu ganz unverhältnißmäßigen Preisen aufhängen oder das Grundkapital durch Entnahmen von Aktien oder Geld in unverhältnißmäßigen Beträgen als Gründerbelohnungen plündern. Andernfalls sind die Verbote von Unterpari-Emissionen und die Gebote notwendiger Vollzahlung in ihren Tendenzen illusorisch. Nun ist allerdings die Lage der ersten Gesellschaftsorgane in der Gründung eine andere, wie bei Erwerben in bestehender Gesellschaft. Die wirklichen Werte der meist umfangreichen Gründungsobjekte stehen nicht sicher fest. Außerdem sollen die Gründer bei der Gründung einen Profit ziehen dürfen. Über das, was hier angemessen ist, können die Ansichten sehr verschieden sein. Die Prüfenden stehen unter dem Druck, entweder das Unternehmen verhindern oder sich dem Risiko einer Ersatzpflicht bei späterer Minderschätzung seitens des angerufenen Prozeßrichters aussetzen zu sollen. Diesen Zustand als einen unerträglichen zu bezeichnen, infolge dessen gar nicht mehr oder nur unter Bestellung verlorener Existenzen zu prüfenden Gesellschaftsorganen gegründet werden würde, beruht ein wenig auf Übertreibung. Man gründet in Frankreich unter viel schärferen Gesetzen. Man könnte eher einwenden, daß diese Gesetze dort keinen besonderen Nutzen bewirkt hätten. Indessen scheint wenigstens die Illationsgesellschaft mit den Überpreisen dort nicht in der Blüte zu stehen, wie es bei uns der Fall war. Man wird auch bei uns, wenn die betreffende Bestimmung des Entwurfes gilt, weiter gründen. Anständige Gründungen, auch mit Gründerprovisionen und mit Mißerfolg, der nicht vorauszusehen war, werden die Anforderungen des Gesetzes ertragen. Die Bezeugungen respektabler Mitglieder des Handelsstandes, es hätten die Preise und Provisionen für entsprechend gehalten werden können, werden für den Richter maßgebend sein. Aber es wird zuzugeben sein, daß die gedachten Gesichtspunkte es rechtfertigen, ausdrücklich im Gesetz auszusprechen, daß, wenn die Angemessenheit von Preisen und Gründerprovisionen nach allgemeinen Verhältnissen in Frage kommt, eine Haftbarkeit nur bei offenbar übermäßigen Übersetzungen des im Zeitpunkte der Prüfung angemessenen Betrages eintreten soll.

Offenbar absichtlich unterläßt es hier der Entwurf, die Solidarhaft der schuldigen Mitglieder der Gesellschaftsorgane auszusprechen. Aber aus dem Satze, es solle hier jeder nur insoweit haften, als ihm seine Schuld bewiesen werde, Motive S. 192, folgt nichts gegen die Solidarhaft der Schuldigen. Versteht man allerdings unter Solidarhaft, daß, sofern nur überhaupt mehreren Pflichtverletzungen zur Last fallen, jeder auch für den besonderen Schaden, der nur aus der Pflichtverletzung der anderen entstanden ist, haften soll, so wäre die Nichtsolidarität hier gerechtfertigt. Solche Solidarität wäre aber auch für die Gründer zu weitgehend. Versteht man aber unter Solidarität aus Schuld nur, daß mehrere Schuldige für einen und denselben Schaden, der entweder nur vermöge des gemeinschaftlichen Handelns entstanden, oder für den das Verschulden eines jeden, für sich allein genommen, kausal ist, solidarisch haften, so ist nicht einzusehen, warum nicht mehrere Aufsichtsratsmitglieder, die infolge leichtsinniger Prüfung die Übernahme zu unverhältnismäßigem Preise bewirkt haben, für den Schaden solidarisch haften sollen. Oder will der Entwurf überall da, wo er keine Solidarität ausspricht, ähnlich dem französischen Recht Verteilung eines und desselben Schadens unter die Schuldigen nach bestimmten vom Richter abzumessenden Beträgen? Endlich möchte die Fassung des Art. 213 c kaum genügen, um die Anwendung des allgemeinen Grundsatzes, daß die Beweislast in betreff der Anwendung der Sorgfalt den Gesellschaftsorganen obliege — Art. 226, Abs. 1, 241, Abs. 2 —, auszuschließen. Es fehlt aber auch an einem inneren Grunde, die Beweiskraft hier entgegengesetzt zu normieren. Wem in fremden Angelegenheiten eine Prüfung und Entschließung übertragen ist, der muß sich, wenn er sich zu etwas Schädigendem entschlossen hat, über seine Pflichterfüllung ausweisen. Ein Unterschied zwischen diesem Falle und dem der Übertragung einer fortdauernden Aufsicht oder Geschäftsführung ist nicht erkennbar.

Der Entwurf stellt in den Kreis der für die Gründung der Gesellschaft verantwortlichen Personen auch diejenigen, welche vor Ablauf von zwei Jahren seit Eintragung des Gesellschaftsvertrages ein *öffentliches Angebot* von Aktien erlassen, um dieselben in den *Verkehr* einzuführen. Diese Personen sollen für den der Gesellschaft durch die unrichtigen oder unvollständigen Angaben der Gründer oder deren bösliche Schädigung verursachten Schaden neben den Gründern solidarisch haften, soweit sie — was natürlich ihnen bewiesen werden muß — die Unrichtigkeit oder Unvollständigkeit der Angaben oder die bösliche Schädigung gekannt haben, oder bei sorgfältiger Prüfung eines ordentlichen Geschäftsmannes hätten kennen müssen.

Diese Bestimmung ist gewissermaßen der Schlüssel zur Position des Entwurfs. Während er es bisher nur mit Leuten zu thun hat, welche in die formale Position treten, die er für das Gründungsstadium vorschreibt und die gerade wegen der Bestimmungen des Entwurfs vorgeschobene, unscheinliche Personen von einer Vermögenslage, die ihre Verantwortlichkeit illusorisch macht, sein könnten, sodaß das Gründungsverfahren auch für das Publikum zu einem nichtssagenden Formalakt wird, will er hier das Wirkliche, die thatsächlichen Mittler und häufig auch wirklichen Gründer, in den Kreis seiner Vorschriften zwingen.

Hierbei fällt zunächst sofort auf, daß die Beschränkung auf die Emission durch öffentliches Angebot den ganzen Zweck der Vorschrift illusorisch macht. Man wird eben, um der Verantwortung zu entgehen, das öffentliche Angebot unterlassen. Die Aktien werden ohne solches an der Börse eingeführt. Der geeigneten Reklame braucht man deshalb nicht zu entraten. Man hat sich in der Gründerzeit, wenn bekannt wurde, daß ein Haus neue Aktien einführen werde, darum gedrängt, solche zu bekommen, um an den ersten Kursaufschlägen zu verdienen. Diesem Mangel läßt sich dadurch abhelfen, daß man die Einführung der Aktien an der Börse neben dem öffentlichen Angebot als Akt der verantwortungsvollen Emission aufstellt und durch eine zu schaffende Börsenordnung dafür Sorge trägt, daß diese Einführung nur mittels eines von einer oder mehreren Börsenfirmen zu zeichnenden Ankündigungsaktes erfolgen könne. Es fragt sich aber ferner, ob man einem Emittenten, welcher mit der Gründung in gar keinem Zusammenhange steht und die Emission vielleicht für mäßige Provision besorgt — selbst die Zeichnungsstellen scheint der Entwurf nicht ausschließen zu wollen —, eine sich über das ganze Gründungsverfahren erstreckende Prüfungspflicht zumuten kann. Sicher würde damit die Emission verteuert. Denn kein Bankhaus wird Neigung haben, solche Aufgabe und Verantwortung ohne erhebliche Vergütung zu übernehmen. Die Kosten würde aber das Publikum zu tragen haben. Endlich aber bleibt es eine Willkürlichkeit, einen Emittenten, der der Errichtung der Gesellschaft völlig fern gestanden, vielleicht nur für Rechnung eines Primitivzeichners dessen Aktien emittiert hat, gleich einem Gründer der Gesellschaft haftbar zu machen.

Um hier zu einem erträglichen Ergebnis zu gelangen, dürften zwei Gesichtspunkte auseinander zu halten sein. Wer Aktien zuerst in den Verkehr einführt, soll eine gewisse Prüfung in betreff ihrer Güte vornehmen. Diese Prüfung braucht sich nicht auf den ganzen Gründungshergang zu erstrecken. Sie wird häufig sich auf ganz andere Dinge als auf den Gründungshergang zu lenken haben, insbesondere wenn die Gesellschaft schon seit einiger Zeit besteht. Zur Festsetzung des in dieser Beziehung erforderlichen soll eine für eine richtige Wirkung des Aktiengesetzes unerläßliche **Börsenordnung** eintreten. Die Einführung neuer Aktien — wie neuer Wertpapiere überhaupt — soll von der Zulassung durch eine Börsenkommission — ihre Zusammensetzung interessiert hier nicht — abhängen. Die Zulassung soll einen Antrag auf Zulassung seitens einer oder mehrere Firmen der betreffenden Börse voraussetzen. Vorbehältlich eines Rechts der Kommission, ganz offenbar bedenkliche Papiere auszuschließen, soll die Kommission der Regel nach nur prüfen, ob die Firmen genügende Garantie für Zuverlässigkeit und eventuelle Solvenz bei eintretender Verantwortung bieten und ob die von ihnen über das Aktienunternehmen in dem Zulassungsantrag zu machenden Angaben in betreff der wesentlichen Punkte ausreichende Information geben. Sie kann in dieser Beziehung Vervollständigungen verlangen. Noch vor Aushändigung des Zulassungsbeschlusses ist der Zulassungsantrag, bez. das in diesem über das Unternehmen Angegebene von den Firmen unter ihren Namensunterschriften zu veröffentlichen. Vor der Zulassung darf kein öffentlicher Handel der Aktien stattfinden. Ebenso — wenigstens während einer bestimmten Frist nach Eintragung der Gesellschaft — kein Angebot in öffentlichen Prospekten. Auch darf in gedachter Frist solches Angebot nur von denjenigen, welche den Zustellungsantrag gestellt haben, oder welche sich in den Prospekten den Angaben des Zulassungsantrages ausdrücklich anschließeu, ausgehen. Auf diesem Wege bekommt jedes neue Papier, wenn es in den Verkehr treten soll, eine bestimmte, offene, sich an die Namen bestimmter wirklicher Patrone anknüpfende Individualität. Die an diese Einführung sich knüpfende Verantwortung kann nur eine gegenüber den einzelnen Aktienerwerbern sein. Sie wird durch Einschränkung der Haftung für die in dem Zulassungsantrage gemachten Angaben auf den Fall der Böslichkeit, kurze Verjährung und Aufstellung eines gesunden Maßstabes bei Beurteilung der Kausalität zwischen jenen Angaben und dem Erwerbsentschluß gegen Mißbräuche zu schützen sein.

Auf die hiervon getrennt zu haltende Frage, in welchem Falle die

Emittenten wie Gründer gegenüber der Gesellschaft haften sollen, giebt es keine andere Antwort als die: in dem Falle, wenn sie wirkliche, geheim gebliebene Gründer sind. Dies wird anzunehmen sein, wenn sie bei der Einführung die Unrichtigkeit der Angaben der Gründer oder deren bösliche Schädigung der Gesellschaft wirklich gewußt haben. Es wird ferner anzunehmen sein, wenn der Einführung schon auf dieselbe hinzielende Vorberedungen der Einführer mit den Gründern vor der Eintragung der Gesellschaft vorausgegangen sind. Kurz ausgedrückt, die Emittenten haften der Gesellschaft für dolus, für culpa aber nur, wenn sie wirklich im Gründungsverfahren schon ihre Hand im Spiele hatten. Daß durch letztgedachte Einschränkung die Haftung illusorisch werden möchte, ist nicht anzunehmen. Der Anspruch kommt erst in Frage, wenn die Gründung als schlechte erkannt ist. Alsdann sind auch bisher in der Regel infolge der gegenseitigen Refriminationen und Vertheidigungen die von den Gründern bei der Gründung geschlossenen Finanzierungsverträge und die Anträge der Finanziers zu Konsortialbeteiligungen mit ihren Zeitpunkten zu Tage getreten. Bei dieser Ordnung der Sache bedarf es alsdann der limitierten zweijährigen Frist nicht. Nur wird, wenn man für alle Ansprüche aus der Gründung eine kurze Verjährung normiert, Ansprüchen aus Emissionen, welche erst nach Ablauf der Verjährungszeit erfolgen, die Geltung zu versagen sein.

In der Voraussicht der Möglichkeit, daß, um den Vorschriften für Gründungen unter Übernahme von Vermögensstücken zu entgehen, man den geplanten Erwerb bis nach Eintragung der Gesellschaft vertagt, bestimmt der Entwurf, daß, wenn vor Ablauf von zwei Jahren seit Eintragung der Gesellschaft dieselbe Vermögensstücke für eine den zehnten Teil des Grundkapitals übersteigende Vergütung übernehmen soll, dies Prüfung des Aufsichtsrates, schriftliche Berichterstattung desselben und Genehmigung einer Generalversammlung erfordert, sowie daß, wenn der Erwerb in Ausführung einer schon vor Errichtung der Gesellschaft von den Gründern getroffenen Vereinbarung stattgefunden, die Gründer wie im Falle einer Errichtung der Gesellschaft unter Übernahme des Vermögensstücks haften und die Entlastung aller haftbaren Personen, auch des unsorgfältigen Aufsichtsrats, nur in der Weise, wie für die Entlastung von den Ansprüchen aus der Gründung vorgeschrieben, erfolgen kann. Daß die Haftung des Aufsichtsrates in diesem Falle nur eine subsidiäre sei, ist nicht gesagt. Auch soll anscheinend hier die Beweislast in betreff der Sorgfalt dem Aufsichtsrat nicht abgenommen sein.

Weil es hier an einem Gründerbericht fehlt, wird es bei der Haftung der Gründer schlechthin für bösliche Schädigung sein Bewenden behalten müssen. Da die Gründer den Weg der Simulation gewählt haben, so können sie sich nicht darüber beschweren, wenn infolge dessen ihre Verantwortung nicht näher begrenzt werden kann. Auch liegt hier kein Anlaß vor, die Verantwortlichkeit des Aufsichtsrats durch ausdrückliche Einschränkung auf offenbares Übermaß des bewilligten Preises zu beschränken. Geschieht der Erwerb nicht in Ausführung einer schon von den Gründern getroffenen Vereinbarung, so liegt ein Erwerb innerhalb der Geschäftsführung vor, bei dem wie bei jeder Handlung der Geschäftsführung die Interessen der Gesellschaft wahrzunehmen sind. Von einer Zwangslage des Aufsichtsrates kann dabei nicht die Rede sein. Wird aber durch den Erwerb nur eine schon vor Errichtung der Gesellschaft getroffene Gründervereinbarung in Vollzug gesetzt, so liegt eine Umgehung der gesetzlich gewollten Gründungsform vor und der Aufsichtsrat kann dann auch die Vorteile dieser Form nicht in Anspruch nehmen. Da die Gesellschaft besteht, ohne rechtlich an jene Vereinbarung gebunden zu sein, so hat er auch seinen Erwerbsentschluß zu fassen, ohne sich durch diese Vereinbarung beeinflussen zu lassen.

Es liegt aber kein hinreichender Grund vor, mit dem Entwurf den Vorstand von der Prüfungs- und Berichterstattungspflicht auszunehmen und damit der Auffassuug Anhalt zu gewähren, daß ihn keine Verantwortung treffen könne. Wenn der Vorstand gegen den Erwerb Bedenken hat, so soll er verpflichtet sein, diese der Generalversammlung mitzuteilen.

Nicht zutreffend erscheint es ferner, wenn hier analog der Gründung zur Genehmigung der Erwerbung die Zustimmung einer mindestens ein Vierteil des Grundkapitals umfassenden Mehrheit in der Generalversammlung mit der Wirkung gefordert wird, daß andernfalls die Erwerbung nicht zu stande kommen kann. Bei der Gründung kommt andernfalls die Gesellschaft nicht zu stande. Hier besteht die Gesellschaft und es ist nicht einzusehen, warum eine bestehende Gesellschaft nicht die Erwerbung, die einer auch nicht in dieser Weise qualifizierten Mehrheit genehm ist, soll machen dürfen. Ein Viertel des Grundkapitals findet sich nicht immer leicht zusammen. Eine Mehrheit, wie sie für Abänderung des Gesellschaftsantrages genügt, — drei Viertel des in der Generalversammlung vertretenen Grundkapitals — dürfte auch hier genügen.

Damit die normierten Verantwortlichkeiten der Gründer und Emittenten, sowie der im Gründungsstadium prüfungspflichtigen Gesellschaftsorgane nicht mittels Entlastung der offiziellen Gründer durch die heimlichen illusorisch werden, sollen nach dem Entwurfe Verzichte und Vergleiche der Gesellschaft in betreff dieser Ansprüche erst nach Ablauf von drei Jahren nach Eintragung des Gesellschaftsvertrages und nur mit Zustimmung der Generalversammlung zulässig sein. Auch kann eine Minderheit, die den fünften Teil des Grundkapitals begreift, durch ihren Widerspruch in der Generalversammlung die Entlastung selbst nach diesem Zeitpunkte noch hindern. Es ist bereits von anderer Seite hervorgehoben, daß diese Vorschrift einer Einschränkung bedarf, wenn nicht zum Schaden der Gesellschaft ihre Mitwirkung bei solchen Vergleichen, welche nicht wegen Bestrittenheit der Ansprüche, sondern wegen Zahlungsunfähigkeit des Haftbaren notwendig werden, gehindert werden soll.[1] Der Entwurf bestimmt aber auch nicht, bis zu welchem Zeitpunkte die Gesellschaft ihre Ansprüche geltend machen muß, sodaß es danach bei der ordentlichen Verjährungsfrist bliebe. Dieselbe erscheint viel zu lang. Alle diese Verantwortungen sind nur erträglich, wenn die Ansprüche auf Grund derselben in einer verhältnismäßig kurzen Zeit erlöschen. Die Gründer können sich nicht für ungemessene Frist ihre Verteidigungsweise aufbewahren. Den eventuell Haftbaren zuzumuten, selbst auf Decharge zu klagen, erscheint schon deshalb unbillig, weil die Eigenschaft als verantwortlicher Gründer oder neben demselben Haftbarer zum Teil von Voraussetzungen abhängig ist, die auch nach dem Entwurf nicht ohne weiteres feststehen — z. B. die Eigenschaft eines ersten Emittenten —. Es müßte also jeder, der sich gar nicht als einen gleich einem Gründer Haftbaren erachtet, vielleicht aber als solcher erachtet werden könnte, zunächst auf Anerkennung, daß ihm nicht solche Eigenschaft beizumessen sei, klagen.

---

[1] Ring, Zu dem Entwurf eines neuen Aktiengesetzes in Busch, Arch. f. Handelsr. Bd. 45 S. 101, eine sehr umsichtige und lesenswerte Arbeit, mit deren Ausführungen sich die diesseitigen vielfach berühren.

Diese Erörterungen führen zu folgenden Abänderungsvorschlägen:

Entwurf.

Artikel 211.

Vor erfolgter Eintragung in das Handelsregister besteht die Aktiengesellschaft als solche nicht.

Ist vor der Eintragung im Namen der Gesellschaft gehandelt worden, so haften die Handelnden persönlich und solidarisch.

Änderungsvorschlag.

Artikel 211.

Wie nebenstehend.

Artikel 211a.

Vor Zulassung der Aktien zur Einführung an einer Börse dürfen dieselben weder an dieser Börse, noch an anderen im Zulassungsgebiete dieser Börse befindlichen, zum Verkehr mit Wertpapieren bestimmten Versammlungsorten zum Gegenstande eines Geschäfts oder einer Geschäftsvermittelung gemacht werden. Die Zulassung setzt einen Antrag auf Zulassung seitens mindestens einer am Sitze der Börse Handelsgeschäfte betreibenden, im Handelsregister eingetragenen Firma unter Darlegung derjenigen den Stand des Aktienunternehmens betreffenden Umstände, über welche die wegen der Zulassung beschließende Börsenkommission eine Angabe erforderlich erachtet, voraus. Vor Aushändigung des Zulassungsbeschlusses ist von der die Zulassung beantragenden Firma unter ihrem Namen diese Darlegung zu veröffentlichen. Auch muß im Falle des Artikels 209b Absatz 2 der Zulassung die im Artikel 210d vorgesehene Veröffentlichung des Gründerberichtes und der den Festsetzungen des Artikels 209b Absatz 2 zum Grund liegenden oder zu ihrer Ausführung geschlossenen Verträge vorausgegangen sein. Mit der Aushändigung des Zulassungsbescheides gilt die Zulassung als erfolgt.

Die näheren Bedingungen der Zulassung werden durch ein Börsengesetz geregelt. Bis zum Erlaß eines solchen bestimmt der Reichskanzler nach Anhörung der Ausschüsse des Bundesrates für Handel und Verkehr diejenigen Börsen, bei welchen über eine Zulassung zu entscheiden ist, sowie ihre

Entwurf.

Artikel 213a.

Der Gesellschaft sind die Gründer für die Richtigkeit und Vollständigkeit der Angaben, welche sie rücksichtlich der Zeichnung und Einzahlung des Grundkapitals, sowie rücksichtlich der in Artikel 209b vorgesehenen Festsetzungen behufs Eintragung des Gesellschaftsvertrages in das Handelsregister machen, solidarisch verhaftet; sie haben unbeschadet der Verpflichtung zum Ersatze des sonst etwa entstehenden Schadens, insbesondere einen an der Zeichnung des Grundkapitals fehlenden Betrag zu übernehmen, fehlende Einzahlungen zu leisten und eine Vergütung, welche nicht unter den zu bezeichnenden Gründungsaufwand aufgenommen ist, zu ersetzen. Von dieser Verbindlichkeit ist ein Gründer befreit, wenn er beweist, daß er ohne Verletzung der Sorgfalt eines ordentlichen Geschäftsmannes keine Kenntniß von der Unrichtigkeit oder Unvollständigkeit der Angaben gehabt hat.

Für den Ersatz einer Vergütung, welche nicht unter den zu bezeichnenden Gründungsaufwand aufgenommen ist, haften der Gesellschaft außer den Gründern solidarisch der Empfänger, wenn er zur Zeit des Empfanges wußte oder nach den Umständen annehmen mußte, daß die

Änderungsvorschlag.

Zulassungsgebiete und es werden seitens der Vorstände der betreffenden Börsenkorporationen die über die Zulassung entscheidenden Börsenkommissionen gebildet.

Bis zum Ablauf von zwei Jahren seit Eintragung des Gesellschaftsvertrages in das Handelsregister darf vor erfolgter Zulassung auch ein Angebot von Aktien zum Kauf in öffentlichen Blättern im Zulassungsgebiete nicht stattfinden, und auch im Falle der Zulassung nur, wenn durch eine zugleich zum Abdruck gebrachte Bescheinigung des Sekretariats der Börsenkommission dargethan wird, daß das Angebot seitens derjenigen, welche den Zulassungsantrag gestellt haben, oder unter ausdrücklichem Anschluß der Anbietenden an die der Zulassung vorausgegangene öffentliche Darlegung über den Stand des Aktienunternehmens erfolgt.

Mittels Entgegenhandelns gegen diese Vorschriften abgeschlossene Geschäfte über die Aktien sind nichtig.[1]

Artikel 213a.

Absatz 1 und 2 wie nebenstehend.

---

[1] Entsprechend dieser Vorschrift und ihrer Annahme auch bei der Kommanditaktiengesellschaft als Artikel 178a wäre unter den Strafvorschriften als Artikel 249e[1] einzufügen:

Mit Geldstrafe bis zu dreitausend Mark wird bestraft, wer den Bestimmungen der Artikel 178a Absatz 1 und Artikel 211a, Absatz 1 zuwider an einer Börse oder einem anderen, zum Verkehr mit Wertpapieren bestimmten Versammlungsorte Aktien, Promessen oder Interimsscheine zum Gegenstande eines Geschäfts macht oder anbietet oder ein Geschäft über Aktien vermittelt, sowie wer den Bestimmungen der Artikel 178a Absatz 3 und 211a Absatz 3 zuwider in öffentlichen Blättern ein Angebot von Aktien zum Kauf erläßt.

Entwurf.

Verheimlichung beabsichtigt oder erfolgt war, und jeder Dritte, welcher zur Verheimlichung wissentlich mitgewirkt hat.

Ist die Gesellschaft durch Einlagen oder Uebernahmen der im Artikel 209b bezeichneten Art von Gründern böslicherweise geschädigt worden, so sind ihr die letzteren und jeder Dritte, welcher zu der böslichen Handlungsweise wissentlich mitgewirkt hat, solidarisch zum Schadenersatze verpflichtet.

Für einen durch Zahlungsunfähigkeit eines Aktionärs entstehenden Ausfall haften der Gesellschaft solidarisch die Gründer, welche bei der Anmeldung des Gesellschaftsvertrages die Zahlungsunfähigkeit kannten.

Artikel 213b.

Wer vor Ablauf von zwei Jahren seit Eintragung des Gesellschaftsvertrages in das Handelsregister ein öffentliches Angebot von Aktien erläßt, um solche in den Verkehr einzuführen, ist der Gesellschaft im Falle der Unrichtigkeit oder Unvollständigkeit der Angaben, welche die Gründer rücksichtlich der Zeichnung und Einzahlung des Grundkapitals und der in Artikel 209b vorgesehenen Festsetzungen behufs Eintragung des Gesellschaftsvertrages in das Handelsregister gemacht haben, sowie in dem Falle einer böslichen Schädigung der Gesellschaft durch Einlagen oder Uebernahmen für den Ersatz des ihr daraus entstandenen Schadens neben den in Artikel 213a bezeichneten Personen solidarisch verhaftet, sofern er die Unrichtigkeit oder Unvollständigkeit der Angaben oder die bösliche Schädigung gekannt hat oder bei sorgfältiger Prüfung, wie solche von einem ordentlichen Geschäftsmann anzuwenden ist, hat kennen müssen.

Änderungsvorschlag.

Ist die Gesellschaft durch Einlagen, Übernahmen oder Gewährung von Entschädigungen oder Belohnungen der im Artikel 209b bezeichneten Art geschädigt, so sind ihr die Gründer, welche die Schädigung wissentlich bewirkt oder in dem Gründerbericht oder der Berechnung des Gründungsaufwandes böslicherweise falsche Thatsachen vorgebracht oder wahre entstellt haben, solidarisch zum Ersatz des Schadens verpflichtet. Mit ihnen haftet solidarisch jeder Dritte, welcher wissentlich zu der von den Gründern wissentlich oder unter böslichen Unwahrheiten in den bezeichneten Erklärungen bewirkten Schädigung mitgewirkt hat.

Absatz 4 wie nebenstehend.

Artikel 213b.

Wer Aktien mittels eines öffentlichen Angebotes oder mittels der Einführung an einer Börse in den Verkehr einführt, ist der Gesellschaft im Falle der Unrichtigkeit oder Unvollständigkeit der Angaben, welche die Gründer rücksichtlich der Zeichnung und Einzahlung des Grundkapitals und der in Artikel 209b eingesehenen Festsetzungen behufs Eintragung des Gesellschaftsvertrages in das Handelsregister gemacht haben, sowie in dem Falle einer durch Einlagen, Übernahmen oder Gewährung von Entschädigungen oder Belohnungen bewirkten Schädigung der Gesellschaft für den Ersatz des ihr daraus entstandenen Schadens neben den in Artikel 213a bezeichneten Personen solidarisch verhaftet, sofern er die Unrichtigkeit oder Unvollständigkeit der Angaben oder die durch Einlagen, Übernahmen oder Gewährung von Entschädigungen oder Belohnungen von den Gründern wissentlich oder unter böslichen Unwahrheiten im Gründerbericht oder der Berechnung des Gründungsaufwands bewirkte Schädigung gekannt hat.

Ist der Einführung eine auf dieselbe hinzielende Verabredung des Einführenden mit den Gründern oder denjenigen,

Entwurf.

Artikel 213c.

Mitglieder des Vorstandes und des Aufsichtsraths, sowie Stellvertreter derselben, welche bei der ihnen durch Artikel 209f auferlegten Prüfung die Sorgfalt eines ordentlichen Geschäftsmannes verletzt haben, haften der Gesellschaft für den Ersatz des Schadens, soweit solcher von den in Gemäßheit der Artikel 213a und 213b verpflichteten Personen nicht zu erlangen ist.

Artikel 213d.

Vergleiche und Verzichtleistungen, welche die der Gesellschaft aus der Gründung zustehenden Ansprüche gegen Gründer, Mitglieder des Vorstandes und des Aufsichtsraths, sowie gegen die in Gemäßheit der Artikel 213a, 213b verpflichteten Personen betreffen, sind erst nach Ablauf von drei Jahren seit Eintragung des Gesellschaftsvertrages in das Handelsregister und nur mit Zustimmung der Generalversammlung

Änderungsvorschlag.

welche die Gründung vorbereitet haben, bereits vor Eintragung des Gesellschaftsvertrages in das Handelsregister vorausgegangen, so wird für den Einführenden die im Absatz 1 bezeichnete Haftung auch dann begründet, wenn er die Unrichtigkeit oder Unvollständigkeit der Angaben oder die durch Einlagen, Übernahmen oder Gewährung von Entschädigungen oder Belohnungen von den Gründern wissentlich oder unter böslichen Unwahrheiten im Gründerbericht oder der Berechnung des Gründungsaufwandes bewirkte Schädigung bei sorgfältiger Prüfung, wie solche von einem ordentlichen Geschäftsmanne anzuwenden ist, hat kennen müssen.

Artikel 213c.

Mitglieder des Vorstandes und des Aufsichtsrats, welche bei der ihnen durch Artikel 210 auferlegten Prüfung, die Sorgfalt eines ordentlichen Geschäftsmannes verletzt haben, haften der Gesellschaft solidarisch für den Ersatz des Schadens, soweit solcher von den in Gemäßheit der Artikel 213a und 213b verpflichteten Personen nicht zu erlangen ist.

Beruht die Schädigung der Gesellschaft durch Einlagen, Übernahmen oder Gewährung von Entschädigungen oder Belohnungen der im Artikel 209b bezeichneten Art lediglich darauf, daß für diese ein nach den allgemeinen Verhältnissen nicht gerechtfertigter Betrag gewährt worden ist, so tritt die Haftung mangels wissentlicher Zulassung der Schädigung nur dann ein, wenn anzunehmen ist, daß die gewährten Vergütungen über einen nach den allgemeinen Verhältnissen zur Zeit des Erwerbs gerechtfertigten Betrag offenbar übermäßig hinausgegangen sind.

Artikel 213d.

Vergleiche und Verzichtleistungen, welche die der Gesellschaft aus der Gründung zustehenden Ansprüche gegen Gründer, Mitglieder des Vorstandes und des Aufsichtsrats, sowie gegen die in Gemäßheit der Artikel 213a, 213b verpflichteten Personen betreffen, können nur mit Zustimmung der Generalversammlung erfolgen. Soweit es sich nicht um gerichtliche Zwangsvergleiche oder um Stundungs-

Entwurf.

zulässig; sie sind unzulässig, soweit in der Versammlung eine Minderheit, deren Antheile den fünften Theil des Grundkapitals darstellen, Widerspruch erhebt.

Artikel 213e.

Werden vor Ablauf von zwei Jahren seit Eintragung des Gesellschaftsvertrages in das Handelsregister Seitens der Gesellschaft Verträge geschlossen, durch welche sie vorhandene oder herzustellende Anlagen oder sonstige Vermögensstücke für eine den zehnten Theil des Grundkapitals übersteigende Vergütung erwerben soll, so bedürfen dieselben zu ihrer Gültigkeit der Zustimmung der Generalversammlung.

Vor der Beschlußfassung hat der Aufsichtsrath den Vertrag zu prüfen und über die Ergebnisse seiner Prüfung schriftlichen Bericht zu erstatten.

Änderungsvorschlag.

oder Nachlaßverträge handelt, welche die haftbaren Personen zur Vermeidung einer Zahlungseinstellung oder zur Beseitigung ihrer Folgen mit ihren sämtlichen Gläubigern schließen, kann diese Zustimmung erst nach Ablauf von drei Jahren seit Eintragung des Gesellschaftsvertrages in das Handelsregister wirksam erfolgen und sie ist unwirksam, soweit in der Versammlung eine Minderheit, deren Anteile den fünften Teil des Grundkapitals darstellen, Widerspruch erhebt.

Die Klagen aus den vorbezeichneten Ansprüchen verjähren in fünf Jahren. Die Verjährung beginnt in betreff der Ansprüche gegen die Gründer, Mitglieder des Vorstandes und des Aufsichtsrats, sowie gegen die übrigen nach Artikel 213a verpflichteten Personen, soweit es nicht Empfänger verheimlichter Vergütungen sind, mit dem Zeitpunkte der Eintragung des Gesellschaftsvertrages in das Handelsregister, in betreff der Ansprüche gegen die gemäß Artikel 213a verpflichteten Empfänger verheimlichter Vergütungen mit dem Zeitpunkte des Empfanges und in betreff der Ansprüche gegen die gemäß Artikel 213b verpflichteten Personen mit dem Zeitpunkte des erfolgten öffentlichen Angebots der Aktien oder ihrer begonnenen Einführung an einer Börse. Nach Ablauf von fünf Jahren seit Eintragung des Gesellschaftsvertrages in das Handelsregister können aus Handlungen der im Artikel 213b bezeichneten Art Ansprüche der Gesellschaft nicht mehr entstehen.

Artikel 213e.

Absatz 1 wie nebenstehend.

Vor der Beschlußfassung haben der Vorstand und der Aufsichtsrat den Vertrag zu prüfen und über die Ergebnisse ihrer Prüfung schriftlich Bericht zu erstatten.

Entwurf.

Die Antheile der dem Vertrage zustimmenden Mehrheit müssen mindestens ein Viertheil des Grundkapitals darstellen.

Der genehmigte Vertrag ist in Urschrift oder in beglaubigter Abschrift mit dem Bericht des Aufsichtsraths nebst dessen urkundlichen Grundlagen und mit dem Nachweis über die Beschlußfassung zum Handelsregister einzureichen.

Hat der Erwerb in Ausführung einer vor der Errichtung der Gesellschaft von den Gründern getroffenen Vereinbarung stattgefunden, so kommen in Betreff der Rechte der Gesellschaft auf Entschädigung und in Betreff der ersatzpflichtigen Personen die Vorschriften der Artikel 213a und 213d zur Anwendung.

V. Die Grundkapitalserhöhungen.

Die Gestaltung der Grundkapitalserhöhung ist nach den Vorschlägen des Entwurfs gegenüber der der Gründung eine wesentlich laxere. Es bedarf eines Generalversammlungsbeschlusses, daß, in welchem Betrage und, falls ein anderer als der Nominalbetrag auf die neuen Aktien ausgegeben werden soll, unter Einhaltung welchen Mindestbetrages bei der Ausgabe die Erhöhung stattfinden soll. Von der Erforderlichkeit dieses Beschlusses kann der Gesellschaftsvertrag nicht entbinden. Der Beschluß hat mangels besonderer Bestimmung des Gesellschaftsvertrages den allgemeinen, für Statutenveränderungen geltenden Erfordernissen zu entsprechen und ist im Handelsregister einzutragen sowie zu veröffentlichen. Jede Zusicherung von Bezugsrechten auf die neuen Aktien, die vor Fassung des Erhöhungsbeschlusses stattgefunden hat, ist der Gesellschaft gegenüber unwirksam. Auf Grund des Erhöhungsbeschlusses erfolgt die Aufbringung des neuen Kapitals durch Zeichnungen. Die Zeichnung hat schriftlich in zwei Exemplaren stattzufinden. In betreff des Inhalts der Zeichnung sind Erfordernisse nicht aufgestellt. Eine neue Generalversammlung nach Aufbringung des neuen Kapitals findet nicht statt. Die Gesellschaftsorgane melden vielmehr, nachdem das neue Kapital durch angenommene Zeichnungen gedeckt und die Einzahlungen der den

Änderungsvorschlag.

Der dem Vertrage zustimmende Beschluß kann nur durch eine Mehrheit von drei Vierteilen des in der Generalversammlung vertretenen Grundkapitals erfolgen.

Der genehmigte Vertrag ist in Urschrift oder in beglaubigter Abschrift mit dem Bericht des Vorstandes und des Aufsichtsrats nebst dessen urkundlichen Anlagen und mit dem Nachweis über die Beschlußfassung zum Handelsregister einzureichen.

Hat der Erwerb in Ausführung einer vor der Eintragung des Gesellschaftsvertrages in das Handelsregister von den Gründern u. s. w.

Vorschriften für die Gründung entsprechenden Quoten geleistet sind, die geschehene Erhöhung unter Überreichung der Zeichnungsscheine zum Handelsregister an. Für den Fall, daß auf das neue Kapital Sacheneinlagen gemacht werden oder dasselbe zu bestimmten Erwerbungen dienen soll, sind andere Vorschriften, als daß die betreffenden Verträge bei der Anmeldung der geschehenen Erhöhung eingereicht werden sollen, nicht gegeben. Es ist nicht vorgeschrieben, daß die Generalversammlung in ihrem Erhöhungsbeschluß auch diese Aufbringungsart, bez. diesen Aufbringungszweck, genehmigen müßte. Es sollen hier die Verantwortlichkeit der Gesellschaftsorgane, wie sie bei jeder Erwerbung innerhalb der bestehenden Gesellschaft Platz greift, und die Vorschrift des Art. 213e für Erwerbungen in den ersten zwei Jahren genügen. Die Bezugnahme des Art. 210 in der die Anmeldung der geschehenen Erhöhung betreffenden Bestimmung wollen die Motive dahin verstanden wissen, daß Vorstand und Aufsichtsrat bei der Anmeldung der erfolgten Erhöhung eine Berechnung des Emissionsaufwandes und einen Bericht über die Erwerbungen einreichen müssen. Vor Eintragung der Erhöhung sollen Aktien, Promessen oder Interimsscheine nicht ausgegeben werden.

Diese Vorschriften sind unzureichend. Es fehlt die Feststellung eines Zeitpunktes, bis zu welchem die Aufbringung des Kapitals bewirkt sein muß, wenn nicht der Zeichner frei werden soll. Es fehlen Vorkehrungen zur Vermeidung, daß die Aktien bei Ausgabe zu anderem als dem Nominalbetrage zu verschiedenen beliebigen Kursen ausgegeben werden. Der wirkliche Ausgabekurs wird gar nicht öffentlich kundgegeben. Die Regelung muß hier entsprechend der Natur einer, wenn auch modifizierten, Nachgründung geschehen. Eine Generalversammlung nach der Zeichnung, wie sie bekanntlich bereits jetzt von dem im wesentlichen durchgedrungenen Gesichtspunkte aus, daß die Erhöhung nach den Vorschriften für die ursprüngliche Errichtung vorzunehmen, in der Regel stattfindet, ist allerdings entbehrlich. Sie hätte keinen anderen Zweck, als den Bericht der Gesellschaftsorgane, daß das Kapital aufgebracht sei, entgegenzunehmen. Von einer Beschlußfassung, analog der der Errichtung der Gesellschaft im Gründungsstadium, kann nicht die Rede sein. Es reicht vielmehr aus, wenn die Veröffentlichung der erfolgten Aufbringung des Kapitals unter Angabe des Ausgabekurses durch den Vorstand noch vor der Anmeldung der stattgefundenen Erhöhung vorgeschrieben wird, damit die Zeichner wissen, daß die Anmeldung erfolgen soll und auf etwaige Unregelmäßigkeiten hinweisen können. Als das Ereignis, welches bis zu einem bestimmten Zeitpunkt stattgefunden haben muß, wenn die Zeichner nicht frei werden sollen, wird die Eintragung der geschehenen Erhöhung festzusetzen sein, und die Zeichnungsscheine werden den Zeitpunkt, bis zu welchem diese erfolgt sein muß, und den Betrag, zu dem die Aktien ausgegeben werden, sofern es ein anderer als der Nominalbetrag ist, anzugeben haben. Nicht zu billigen ist es ferner, den Fall von Sacheneinlagen auf das neue Kapital derartig zu behandeln, daß der Generalversammlung nur der Genehmigungsbeschluß betreffend die Kapitalserhöhung anheimfällt, die Annahme von Sacheneinlagen aber als dem Vorstand und Aufsichtsrat anheimfallende Geschäftsführungshandlung angesehen wird. Dies widerspricht den wahren Hergängen. Soll die Generalversammlung die Erhöhung beschließen müssen, so hat sie das Bedürfnis zu prüfen. Dieses besteht entweder in Geld oder in einer bestimmten Sacheneinlage oder in beidem. Die Generalversammlung muß daher, sofern die Kapitalserhöhung zum Zwecke einer Sacheneinlage erfolgt, zugleich über diese beschließen und der Beschluß muß Einleger, Einlage und Betrag der zu gewährenden Aktien bezeichnen und unter diesen Bezeichnungen vom Handelsregister aus veröffentlicht werden. Auf diese Weise erfährt auch, wenn neben den Aktien auf Sacheneinlagen auch solche auf Geldeinlagen ausgegeben werden, der Zeichner die Art der Belegung des neuen Gesamtkapitals, und es wird hierdurch, wie durch eine dem letzten Absatz des Artikel 213e analoge Bestimmung für Einlagen, die innerhalb der ersten zwei Jahre gemacht werden, wenigstens einigermaßen der Umgehung der Vorschriften für die Gründung in der Weise, daß man zunächst eine Gesellschaft auf Geldeinlagen gründet, dann aber im Wege der Kapitalserhöhung die Sacheneinlage vornimmt, welchen Fall der Artikel 213e nicht vorsieht, vorgebeugt.

Endlich sagt der Entwurf nicht, daß die Erhöhung nur zu dem beschlossenen Betrage als einer Einheit stattfinden dürfe. Soll der Erhöhungsbeschluß nur die Höhe begrenzen, innerhalb deren die ausführenden Organe in beliebiger Zukunft beliebig Teile in einzelnen Serien ausgeben können, so würde damit die Tendenz, eine aktuelle Mitwirkung der Generalversammlung zu sichern, und die wirksame Vorausbedingung von Bezugsrechten für zukünftige Emissionen zu verhindern, vereitelt.

Werden die Aktien zu einem höheren, als dem Nominalbetrage ausgegeben, so soll nach dem Entwurfe der Betrag über Pari zum Reservefond fließen. Aber — und hier macht der Entwurf einen entschiedenen Bruch in seine fundamentalen Grundsätze — sobald zwei Jahre nach der Eintragung der Gesellschaft vergangen sind, soll dieselbe, und zwar jede Gesellschaft, auch Aktien *unter dem Nominalbetrage* ausgeben dürfen. In den Bilanzen muß nur auf der Passivseite das Nominalkapital, nicht bloß das vereinnahmte Effektivkapital, angegeben werden, d. h. die Gesellschaft muß erst die Differenz zwischen dem Nominalkapitale und dem vereinnahmten Effektivkapitale ins Verdienen bringen, ehe sie Dividende verteilen kann. Damit ist neben dem Prinzipe der Übereinstimmung des Nominalbetrages mit dem Betrage, der der Gesellschaft für die Aktie gebührt, auch das der gesetzlichen Mindestbeträge preisgegeben, da der Höhe des zulässigen Emissionsbetrages nach unten keine Grenze gesetzt ist, während doch gerade bei Gesellschaften, die mit Unterpari-Emissionen arbeiten, der Schutz für das Kleinkapital besonders in Betracht käme. Der Entwurf steht hier sichtbar unter dem Eindrucke solcher Zulassung von Unterpari-Emissionen seitens des preußischen

Handelsministeriums bei Eisenbahngründungen. Gegen diese Zulassung, insbesondere in so unbeschränktem Umfange, wie es der Entwurf thut, lassen sich die wesentlichsten Bedenken erheben. Die Zulassung soll, insbesondere bei Notständen der Gesellschaft, unzureichend veranschlagtem Baukapitale, Kursständen der alten Aktien erheblich unter Pari, auf einem Verkehrsbedürfnisse beruhen und, wenn die Gesellschaft schon einige Jahre besteht, mit dem bezüglich der Bilanz gegebenen Korrektiv auch unschädlich sein. Daß sie nach dem Vorgange des bei Eisenbahngründungen Geduldeten ein beliebtes Reizmittel im Verkehre ist, soll nicht geleugnet werden. Verkehrsgewöhnungen sind noch keine Verkehrsbedürfnisse. Niemand verlangt, daß, wenn in ein Unternehmen, welches schon kein intaktes Grundkapital mehr hat oder wegen augenblicklicher Schwierigkeiten als eines solchen entbehrend geschätzt wird, neue 100 *M* gegeben werden, sie nun auch gegenüber den alten Aktien über 100 *M* nur nach Höhe der gegebenen 100 *M* an dem Vermögen partizipieren dürften. Die verschiedensten Normierungen prioritätischer Rechte stehen hier zur Verfügung. Für das innere Verhältnis zu den alten Aktien, betreffend Dividende und künftige Kapitalsrückzahlung, kann den neuen Aktien die Geltung zu jedem beliebigen, über das Eingezahlte hinausgehenden Betrage, also z. B. auch zu 150 *M*, beigemessen werden. Was aber die Verfechter der Unterpari-Emission wollen, ist, daß die neuen Aktien auf 150 *M* als g e z a h l t lauten sollen oder, was dasselbe ist, daß sie 150 *M* als die alleinige Nominalziffer tragen sollen. Und weshalb? Weil die höhere Ziffer die Illusionskraft nährt und die Aktien zum Steigen im Kurse fähig macht. Oder, weil die Verkehrstendenz, neue Aktien eines Unternehmens, dessen alte unter Pari stehen, unter dem Betrage, zu dem sie ausgegeben sind, abzuschätzen, alle Aktien, gleichviel mit welchen inneren Vorzügen man sie gegenüber den alten ausstatten wollte, trifft und es darauf ankommt, mittels eines fiktiven Aufschlages zu bewirken, daß diese Tendenz ganz oder teilweise innerhalb der Differenz zwischen der Effektivziffer und der fingierten abgefangen wird. Gegen solche Zwecke soll der Gesetzgeber nicht connivent sein. Vermöge der bei dem Gesetzgeber natürlichen Gewissenhaftigkeit fügt denn auch der Entwurf zu der Förderung der Illusion die nachträgliche empfindliche

Enttäuschung. Für den gewährten Reiz hat der Aktienbesitzer empfindlich durch die jahrelange Dividendenlosigkeit oder Dividendenverminderung zu büßen. Dieses System der Behandlung der Differenz zwischen Nominal- und Effektivkapital als Grundkapitalsmanko, welches die Gesellschaft zunächst decken muß, paßt so wenig zu der eigentlichen Tendenz der Unterpari-Emission, daß die fortgesetzten Verdeckungen des Mankos in den Bilanzen durch Erhöhungen des Wertes der geschaffenen Anlagen um den Betrag der Kursverluste auf der Aktivseite ganz erklärlich sind. Am richtigsten ist es, die Befugnis zur Unterpari-Emission ganz zu streichen. Die Periode der Schaffung erheblicherer Eisenbahnlinien durch Privatmittel ist abgeschlossen. Meint man sie aber wirklich nicht gänzlich entbehren zu können, so wäre doch die Zulassung auf Zwecke der Fertigstellung oder Ergänzung von festen Anlagen bei Unternehmungen, deren dauerndes Grundvermögen in solchen Anlagen bestehen soll, zu beschränken. Hier kann mit einer gewissen Berechtigung von einem möglichen Notstande, den der Gesetzgeber zu berücksichtigen habe, mit einem Schein von Berechtigung davon gesprochen werden, daß es nicht sowohl auf die Buchgröße des Nominalkapitals, als auf Wert und Betriebsfähigkeit des herzustellenden Werkes ankomme. Bei Gesellschaften mit bloß flottierendem Vermögen, insbesondere Banken, liegt zu der Duldung der Unterpari-Emission gar kein Grund vor. Soweit man sie hiernach zuläßt, müßte aber der Ausgabekurs immer die Grenzen der gesetzlichen Mindestbeträge des Artikels 207a einhalten und er müßte in den Zeichnungsscheinen und bei Strafe der Nichtigkeit der ausgegebenen Papiere auf den Aktien angegeben werden. Endlich wäre der Tendenz ihrer Zulassung auch dahin Rechnung zu tragen, daß das aus der Ausgabe unter dem Nennwerte sich ergebende Manko am Grundkapital erst in einem längeren Zeitraume, binnen längstens fünf Jahren, in gleichen Jahresraten abgeschrieben zu werden brauchte.

Der Entwurf verbietet endlich mit einer für Versicherungsaktiengesellschaften gemachten Ausnahme die Erhöhung des Grundkapitales vor erfolgter Vollzahlung auf die alten Aktien. Verbleibt es bei der Zulassung der Unterpari-Emission entsprechend dem Entwurf, so erscheint dieses Verbot nicht entbehrlich. Wird aber die Unterpari-Emission beseitigt oder beschränkt, so erscheint die Zweckmäßigkeit des Verbotes fraglich. Es nötigt Gesellschaften, für welche die nicht eingezahlten Beträge der alten Aktien als Garantiefond dienen — und dies geschieht noch bei vielen anderen Gesellschaftskategorien, als gerade Versicherungsgesellschaften —, bei Geldbedürfnissen, die sich nach der Konjunktur leicht durch Aufnahme neuen Kapitales befriedigen ließen, den Garantiefond anzugreifen. Es nötigt behufs Befriedigung des Geldbedürfnisses zur Ausgabe von Obligationen, welche nur den fälschlichen Schein der Sicherheit gewähren. Man wird sich indessen nach den Erfahrungen in den Gründerjahren wohl kaum dazu entschließen, von dem Verbot zu abstrahieren, obwohl von der Einführung der höheren Mindestbeträge, der Vollhaftung der Aktionäre und der Beseitigung wirksamer Vorausbedingung von

---

Entwurf.

Artikel 215a.

Eine Erhöhung des Grundkapitals darf nicht vor der vollen Einzahlung desselben erfolgen. Für Versicherungsgesellschaften kann der Gesellschaftsvertrag ein anderes bestimmen.

Ueber die Erhöhung hat die Generalversammlung zu beschließen. In dem Falle, daß auf die neu auszugebenden Aktien ein anderer als der Nominalbetrag eingezahlt werden soll, hat der Beschluß den Mindestbetrag zu bestimmen, zu welchem die Aktien auszugeben sind. Bei einer Erhöhung, welche in den ersten zwei Jahren seit Eintragung des Gesellschaftsvertrages in das Handelsregister beschlossen wird, darf ein geringerer als der Nominalbetrag nicht festgesetzt werden.

Bezugsrechten eine erhebliche Minderung der Gefahr, daß die Nachtragsemissionen lediglich zum Zwecke der Agiotage erfolgen, zu erhoffen ist. Jedenfalls erschiene es aber zweckmäßig, von dem Verbot alle Gesellschaften auszunehmen, deren alte Aktien nach dem Gesellschaftsvertrage nur mit Genehmigung der Gesellschaft auf Andere übertragen werden können. Auf diese Weise würde allen Gesellschaften, bei denen die noch ausstehenden Aktienbeträge einen Garantiefond bilden sollen, Gelegenheit gegeben werden, durch eine dieser Absicht entsprechende Organisation das Verbot auszuschließen. Demnach werden folgende Abänderungsvorschläge gemacht:

Änderungsvorschlag.

Artikel 215a.

Eine Erhöhung des Grundkapitals darf nicht vor der vollen Einzahlung desselben erfolgen. Für Gesellschaften, deren Aktien nach dem Gesellschaftsvertrage nur mit Einwilligung der Gesellschaft auf andere Personen übertragen werden können, kann der Gesellschaftsvertrag ein anderes bestimmen.

Über die Erhöhung hat die Generalversammlung zu beschließen. In dem Falle, daß auf die neu auszugebenden Aktien ein anderer als der Nominalbetrag eingezahlt werden soll, hat der Beschluß den Mindestbetrag zu bestimmen, zu welchem die Aktien auszugeben sind. Ein geringerer als der Nominalbetrag darf nicht festgesetzt werden.[1]

[1] Im Falle der Zulassung einer beschränkten Unterpari-Emission wäre unter Streichung des obigen Satzes zu sagen: „Nach Ablauf der ersten zwei Jahre seit Eintragung des Gesellschaftsvertrages in das Handelsregister können Aktiengesellschaften, bei welchen der Gegenstand des Unternehmens in der gewerbsmäßigen Ausnutzung fester, zum dauernden Grundvermögen bestimmter Betriebsanlagen besteht, zur Fertigstellung oder Erweiterung dieser Anlagen in Höhe eines Betrages, welcher zwei Drittheile des bisherigen Grundkapitals nicht übersteigt, Aktien zu einem geringeren als dem Nominalbetrage, aber nicht unter dem im Artikel 207a Absatz 1 festgesetzten Mindestbetrage, ausgeben. Der Vorstand und der Aufsichtsrat haben der Generalversammlung über den Zweck der Erhöhung unter näherer Bezeichnung des Gegenstandes der Herstellung einen schriftlichen Bericht zu erstatten und demselben einen Kostenanschlag beizufügen. In dem Erhöhungsbeschluß ist der Gegenstand der Herstellung zu bezeichnen."

Entwurf.

Der Beschluß ist in das Handelsregister einzutragen. Auf die Eintragung und die Beschlußfassung finden die Vorschriften in Artikel 214 und Artikel 215, Absatz 1 und 5 (Art. 180 f, Abs. 3) Anwendung.

Eine Zusicherung von Rechten auf den Bezug neu auszugebender Aktien, welche vor dem Beschluß auf Erhöhung des Grundkapitals erfolgt, ist der Gesellschaft gegenüber unwirksam.

Ferner am Schluß des Absatz 3:

„Im Falle der in Absatz 2 zugelassenen Ausgabe der Aktien zu einem geringeren als dem Nominalbetrage ist der Bericht mit seinen Anlagen der Anmeldung zur Eintragung beizufügen. Das Handelsgericht kann zum Nachweise, daß die Gesellschaft ein Unternehmen der in Absatz 2 bezeichneten Art betreibt, die Beibringung des Zeugnisses einer Behörde verlangen."

Endlich wäre der Absatz 3 des Artikels 215c dahin zu fassen:

„Das Gleiche (Nichtigkeit der Aktien) gilt, wenn Aktien, Promessen oder Interimsscheine auf einen geringeren als den nach Artikel 207a zugelassenen Betrag gestellt sind, oder wenn sie ausgegeben werden, bevor der Gesellschaftsvertrag bei dem Handelsgerichte, in dessen Bezirk die Gesellschaft ihren Sitz hat, in das Handelsregister eingetragen ist, *oder wenn sie in einem Falle, in welchem die Ausgabe zu einem geringeren als dem Nominalbetrage statthaft ist, ausgegeben sind, ohne daß in ihnen neben dem Nominalbetrage der Minderbetrag, zu dem sie ausgegeben sind, bezeichnet ist.*"

Änderungsvorschlag.

Absatz 3 und 4 wie nebenstehend.

Artikel 215a1.

Soll auf das hinzutretende Grundkapital eine Einlage, welche nicht in barem Gelde besteht, gemacht werden, so hat sich der Beschluß der Generalversammlung auf die Genehmigung der Einlage und des Betrages der für dieselbe zu gewährenden Aktien zu erstrecken. Vor der Beschlußfassung haben der Vorstand und der Aufsichtsrat den Vertrag, durch welchen die Einlage gemacht werden soll, zu prüfen und über die Ergebnisse ihrer Prüfung unter Vorlegung des Vertrages schriftlich Bericht zu erstatten.

In dem zur Eintragung anzumeldenden Beschlusse sind die Person desjenigen, welcher die Einlage macht, der Gegenstand der Einlage und der Betrag der dafür gewährten Aktien anzugeben. Der Anmeldung zur Eintragung ist der genehmigte Vertrag in Urschrift oder in beglaubigter Abschrift mit dem Bericht des Vorstandes und des Aufsichtsrates und dessen urkundlichen Grundlagen beizufügen.

Beschränkt sich die nach dem Erhöhungsbeschlusse vorzunehmende Erhöhung des Grundkapitales auf den Betrag derjenigen Aktien, welche für die Einlage gewährt werden, so ist in der Anmeldung nach Artikel 215a Absatz 1 anzugeben, ob das bisherige Grundkapital eingezahlt sei und es ist auf Grund dieser Anmeldung zugleich die entsprechend dem durch die Einlage dargestellten Betrage erfolgte Erhöhung in das Handelsregister einzutragen.

Im Falle einer Einlage der im Absatz 1 bezeichneten Art kommen, sofern der Erhöhungsbeschluß vor Ablauf von zwei Jahren seit Eintragung des Gesellschaftsvertrages in das

Entwurf.

Artikel 215b.

Zur Zeichnung der neu auszugebenden Aktien genügt eine schriftliche, in zwei Exemplaren zu unterzeichnende Erklärung.

Die stattgefundene Erhöhung des Grundkapitals ist behufs der Eintragung in das Handelsregister anzumelden. Die Anmeldung hat nach Maßgabe des Artikels 215a, Absatz 1 die Angabe zu enthalten, ob das bisherige Grundkapital eingezahlt sei. Im übrigen finden auf dieselbe die Vorschriften in Artikel 210 und 212 entsprechende Anwendung.

Änderungsvorschlag.

Handelsregister gefaßt wird und der Erwerb der Einlage in Ausführung einer vor der Eintragung des Gesellschaftsvertrages von den Gründern getroffenen Vereinbarung stattgefunden hat, die Vorschriften des Artikel 213e, Absatz 5 zur entsprechenden Anwendung.

Artikel 215b.

Die Ausführung der Erhöhung darf nur durch einheitliche Aufbringung des in dem Erhöhungsbeschlusse bestimmten Grundkapitalbetrages erfolgen. Der Beschluß kann einen bestimmten Minderbetrag bezeichnen, auf welchen sich die Aufbringung nach dem Ermessen des Vorstandes unter Genehmigung des Aufsichtsrats soll beschränken können.

Soweit die Erhöhung des Grundkapital's nicht durch Einlagen der im Artikel 215a1, Absatz 1 bezeichneten Art erfolgt, bedarf es der Zeichnung desselben. Dieselbe kann erst nach Eintragung des Erhöhungsbeschlusses in das Handelsregister erfolgen. Zur Zeichnung genügt eine schriftliche Erklärung (Zeichnungsschein). Der Zeichnungsschein ist in zwei Exemplaren zu unterzeichnen.

Er hat außer dem Datum der Zeichnung und der Anzahl der Aktien, welche gezeichnet werden, sowie ihrer Art oder Gattung im Falle verschiedener Arten oder Gattungen zu enthalten:

1. den Betrag des aufzubringenden Grundkapitals und den Nominalbetrag der Aktien;

2. sofern die Ausgabe der Aktien zu einem anderen als dem Nominalbetrage stattfindet, die Angabe dieses Betrages;

3. die im Artikel 215a 1, Absatz 2 vorgesehenen Angaben des Erhöhungsbeschlusses;

4. den Zeitpunkt, mit dessen Eintritt die Zeichnung unverbindlich wird, sofern nicht bis dahin die Eintragung der erfolgten Erhöhung des Grundkapitals um den aufzubringenden Betrag in das Handelsregister erfolgt ist.

Erachtet der Vorstand den Betrag für aufgebracht, so hat er dies unter Angabe der Höhe des aufgebrachten Kapitals und

Änderungsvorschlag.

des Betrages, zu welchem die Aktien ausgegeben werden, einmal in den Gesellschaftsblättern zu veröffentlichen. Erst nach Ablauf einer Woche von dieser Veröffentlichung ab kann die Anmeldung der stattgefundenen Erhöhung behufs der Eintragung in das Handelsregister stattfinden und ist die Einhaltung dieser Frist bei der Anmeldung nachzuweisen.

In betreff der Zeichnungen finden die Vorschriften des Artikel 209 d, Absatz 3 und des Artikel 209 e mit der Maßgabe Anwendung, daß im Falle geschehener Eintragung der Erhöhung die Unwirksamkeit der Erklärungen wegen Formmängel gegenüber der Gesellschaft durch eine nach der im vorhergehenden Absatz vorgeschriebenen Veröffentlichung des Vorstandes erfolgte Ausübung von Rechten oder Erfüllung von Pflichten als Aktionär beseitigt wird.

Die Anmeldung hat nach Maßgabe des Artikels 215a Absatz 1 die Angabe zu enthalten, ob das bisherige Grundkapital eingezahlt sei. Im übrigen finden auf dieselbe die Vorschriften in Artikel 210 und 212 entsprechende Anwendung. Wird die erfolgte Erhöhung nur für den im Erhöhungsbeschluß vorbehaltenen Minderbetrag angemeldet, so erlischt mit der Eintragung die Wirksamkeit des Erhöhungsbeschlusses in bezug auf den Überrest.

VI. Die Organe der Aktiengesellschaft und ihre Funktionen.

Der Entwurf bezweckt, während der Geschäftsführung die Organe der Gesellschaft in ihren Funktionen sicherer, wie bisher, gegen einander abzugrenzen und von unberechtigten Einflüssen zu befreien. Der Aufsichtsrat darf nur aus einer Wahl der Generalversammlung hervorgehen. Um zu verhüten, daß auch die erste Erneuerungswahl, die, wie bisher, auf die Dauer von fünf Jahren erfolgen kann, nicht noch unter der Herrschaft der Gründer erfolge, soll sich die Wahl des ersten Aufsichtsrats auf die Dauer des ersten Geschäftsjahres, ohne daß diese Dauer durch den Gesellschaftsvertrag abgekürzt werden kann, erstrecken müssen. Das Erfordernis, daß die Aufsichtsratsmitglieder Aktionäre sein müssen, ist, um der Gesellschaft die unbeschränkte Erlangung geeigneter Kräfte zu ermöglichen, ohne daß sie zu Scheinakten zu schreiten braucht, beseitigt. Die Bestellung zum Aufsichtsratsmitgliede ist als jeder Zeit von der Generalversammlung widerruflich erklärt. Beibehalten ist die Befugnis, durch entsprechende Bestimmungen des Gesellschaftsvertrages den Aufsichtsrat auch mit Verwaltungsfunktionen auszustatten und damit das doktrinäre Postulat des Zurücktretens des Aufsichtsrats in die Stelle eines bloßen Kontrollorgans verworfen. Doch dürfen zur Verhütung der völligen Vermischung von Kontrolle und Exekutive die Aufsichtsratsmitglieder nicht zugleich Mitglieder des Vorstandes oder Stellvertreter desselben oder Gesellschaftsbeamte sein und ausscheidende Vorstandsmitglieder nicht vor Entlastung in den Aufsichtsrat gewählt werden. Die dem Aufsichtsrat zustehenden Aufsichtsbefugnisse sind näher präzisiert. Ausdrücklich ist ausgesprochen, daß seine Mitglieder die Ausübung ihrer Obliegenheiten nicht anderen Personen übertragen können.

Von diesen Bestimmungen wird, wie schon anderweitig bemerkt worden[1], die auf Ausschluß der Wahl des ersten Aufsichtsrats für eine kürzere Zeit als ein Jahr gerichtete bei der Fassung des Entwurfs ihr Ziel nicht erreichen. An Stelle des:

„Die Wahl des ersten Aufsichtsrats gilt für die Dauer des ersten Geschäftsjahres"

in Art. 191, Abs. 2, in bezug genommen in Art. 224, dürfte, da die Annahme des Entwurfs, das erste Geschäftsjahr umfasse immer die Dauer eines Jahres, thatsächlich nicht zutrifft, die vorgeschlagene Fassung:

„Die Wahl des ersten Aufsichtsrats gilt für die Dauer des ersten Jahres seit Eintragung der Gesellschaft in das Handelsregister"

zu acceptieren sein.

Der Ausschluß der Möglichkeit, daß für ein im Laufe des Geschäftsjahres ausscheidendes Mitglied bis zur nächsten ordentlichen Jahres-Generalversammlung eine Ersatzbestellung im Wege der Kooptation statt-

[1] Vgl. Ring, a. a. O. S. 122.

finde, geht zu weit. Es kann nicht deswegen immer eine Generalversammlung berufen werden. Durch Übertreibungen des Prinzips erschwert man nur die Geschäftsführung, ohne praktischen Nutzen zu bringen. Und was soll bis zu dem Zeitpunkte, in welchem die Generalversammlung zusammentritt, geschehen, wenn es infolge des Ausscheidens an der beschlußfähigen Mehrheit von Aufsichtsratsmitgliedern fehlt? Nur die Grenze wird zu ziehen sein, daß von den fungierenden Mitgliedern die Mehrheit aus von der Generalversammlung Gewählten bestehen muß. Es würde deshalb im Artikel 191 nach dem Absatz 3 ein Absatz einzuschalten sein:

„Durch den Gesellschaftsvertrag kann bestimmt werden, daß, wenn im Laufe eines Geschäftsjahres ein Mitglied des Aufsichtsrates freiwillig ausscheidet, oder zur Ausübung der Mitgliedschaft unfähig wird, für die Zeit bis zu der nach Ablauf des Geschäftsjahres stattfindenden ordentlichen Generalversammlung eine Ersatzwahl durch die übrigen Mitglieder des Aufsichtsrates erfolgen darf. Auf den Fall eines Ausscheidens vor Anmeldung des Gesellschaftsvertrages zur Eintragung findet solche Bestimmung keine Anwendung. Auch tritt die Bestimmung außer Anwendung, soweit infolge solcher Anwendung die Mehrzahl der Mitglieder, aus denen der Aufsichtsrat bestehen soll, nicht mehr aus von der Generalversammlung gewählten Personen bestehen würde."

Der Grundsatz der freien Widerruflichkeit der geschehenen Bestellung wird trotz der vom Standpunkte erforderlicher Kontinuität und der Erhaltung einer würdigen Stellung des Aufsichtsrates nicht unerheblichen Bedenken anzunehmen sein. Es erscheint ungesund und kann nur zu Unzuträglichkeiten führen, wenn sich der Aufsichtsrat in seiner Stellung trotz des ausgesprochenen Mißtrauens der Mehrheit soll behaupten können. Ein Prozessieren über die Berechtigung der Widerrufsgründe erscheint unpraktisch. Indessen gilt dieser Satz nur in bezug auf einen in der ordentlichen Generalversammlnng nach Abschluß des Geschäftsjahres geäußerten einfachen Mehrheitswillen. Dort ist die geeignete Stelle, um über die Art der Erfüllung der Obliegenheiten seitens des Aufsichtsrates sich zu informieren. Dagegen ist es nicht zu billigen, wenn man den Aufsichtsrat zur Disposition jeder einfachen Mehrheit in irgend einer auf Betrieb des zwanzigsten Teiles des Grundkapitals zusammenberufenen Generalversammlung stellen will. Hier bedarf es, um der zufälligen Herrschaft einer Koterie in einer solchen, vielleicht zu ungünstiger Zeit berufenen Versammlung entgegenzuwirken, einer besonders qualifizierten Mehrheit für den Widerrufsbeschluß. Das hervorgetretene Bedenken, infolge der Formulierung des „zu jeder Zeit widerruflich" könne der Widerruf, auch ohne daß der Beschluß über denselben als Gegenstand der Tagesordnung angekündigt worden, beschlossen werden, erscheint unbegründet, da das Prinzip, daß die Generalversammlung — abgesehen von dem Beschlusse der Berufung einer neuen Generalversammlung — über nicht angekündigte Gegenstände nicht Beschlüsse fassen kann, das fundamentale für die Wirksamkeit der Generalversammlungen und im voraufgehenden Artikel 189, Absatz 2 ausgesprochen ist, vgl. Artikel 238, Absatz 2. Immerhin bleibt es zweckmäßig, dieses Bedenken durch eine Fassungsänderung zu erledigen. Der Absatz 4 des Artikel 191 wäre danach dahin zu fassen:

„Die Bestellung zum Mitgliede des Aufsichtsrates kann durch die Generalversammlung ohne Angabe von Gründen widerrufen werden. Zum Beschlusse des Widerrufes bedarf es, sofern der Beschluß in einer anderen, als der nach Ablauf des Geschäftsjahres einberufenen ordentlichen Generalversammlung erfolgen soll, einer Mehrheit von drei Vierteilen des in der Generalversammlung vertretenen Grundkapitales."

Behufs Verhütung der Überrumpelung der Aktionäre müssen von der Berufung der Generalversammlung bis zu dieser und, wenn die Aktien zur Ausübung des Stimmrechtes bis zu einem bestimmten Zeitpunkte hinterlegt sein müssen, bis zu diesem Zeitpunkte mindestens zwei Wochen freibleiben. Behufs Beseitigung des Übergewichtes des großen Aktienbesitzes in der Generalversammlung soll jede Aktie ein Stimmrecht gewähren müssen. Für den Fall des Besitzes einer Mehrzahl von Aktien kann durch den Gesellschaftsvertrag die Ausübung des vollen Stimmrechtes beschränkt werden. Damit der Mehrheitswille den unverfälschten Willen der Gesellschaft zum Ausdruck bringe, soll ein Aktionär, wenn es sich um seine Entlastung oder um ein mit ihm zu schließendes Rechtsgeschäft handelt, kein Stimmrecht haben und ist unter Strafe verboten, sich für ein Stimmen in gewissem Sinne Vorteile gewähren oder versprechen zu lassen. Behufs Beseitigung eines ungesunden Übergewichtes des Vorstandes und Aufsichtsrates sind bestimmte Gegenstände unentziehbar zur Zuständigkeit der Generalversammlung gestellt und zwar außer Gründerdechargen und Genehmigung von Nachgründungen insbesondere die Bilanzgenehmigung, Statutenänderung, Grundkapitalserhöhung und Grundkapitalsherabsetzung. Der Generalversammlung steht auch mangels einer Bestimmung im Statut die umfassendste Kompetenz zur Abänderung des Statutes zu, sofern drei Viertel des in ihr vertretenen Grundkapitals dafür stimmen. Gedachte Mehrheit genügt auch an Stelle der bisher erforderten — unpraktischen — Einstimmigkeit für Änderung des Gegenstandes des Unternehmens, wie für Fusion, ist aber hierfür auch obligatorisch. Geordnet ist das bisher vernachlässigte Verhältnis der Aktien verschiedener Gattungen zu einander, so daß, wenn es sich um Abänderung des Rechtsverhältnisses unter den verschiedenen Gattungen zum Nachteil einer derselben handelt, dies nicht mehr an dem Mangel der Einwilligung aller einzelnen Aktionäre dieser Gattung scheitern kann, vielmehr die Zustimmung einer besonderen Generalversammlung der Aktionäre gedachter Gattung zu dem Beschlusse der gemeinschaftlichen Generalversammlung genügt.

Nach diesen Bestimmungen ist nicht ausgeschlossen, daß Mitglieder des Vorstandes und Aufsichtsrates, die nicht Aktionäre sind, das Stimmrecht als Bevollmächtigte in Fällen ausüben, in welchen es sich um ihre Entlastung oder um Abschluß von Rechtsgeschäften mit ihnen handelt. Nach der Bemerkung Seite 313 der Motive zu Artikel 190, es sei selbstverständlich, daß der persönlich haftende Gesellschafter nicht von einem Kommanditisten zum Bevollmächtigten — für Ausübung des Stimmrechtes — bestellt werden könne, da jeder Generalversammlungsbeschluß auf eine Vereinbarung zwischen ihm und der Gesamtheit der Kommanditisten hinziele, solche Bevollmächtigung daher zu einer unzulässigen Kollision der Interessen führe, scheint solche Bestimmung für entbehrlich erachtet worden zu sein. Allein gegen die Begründetheit dieser Rechtsauffassung der Motive lassen sich erhebliche Bedenken geltend machen. Es erscheint zweckmäßig, den Artikel 190 Absatz 3, auf welchen der Artikel 221 Absatz 2 Bezug nimmt, dahin zu fassen:

„Wer durch die Beschlußfassung entlastet oder von einer Verpflichtung befreit werden soll, hat hierbei kein Stimmrecht und darf ein solches auch nicht für Andere ausüben. Dasselbe gilt von einer Beschlußfassung, welche den Abschluß eines Rechtsgeschäftes mit ihm betrifft."

Welche thatsächlich vorkommenden Fälle die Strafandrohung für den Fall, daß sich jemand für ein Stimmen in gewissem Sinne Vorteile gewähren oder versprechen läßt, im Auge hat, ist nicht ersichtlich. Das Strohmänner-Unwesen trifft diese Vorschrift nicht. Dasselbe beruht darin, daß entweder jemand Aktien entleiht, um auf dieselben ein Stimmrecht auszuüben, oder daß er, um auf seine Aktien ein Stimmrecht zur Ausübung zu bringen, das er wegen Limitierung des Stimmrechtes nicht selbst auszuüben vermöchte, die Aktien einem anderen zu solcher Ausübung übergiebt. Im ersten Falle wird nicht der Stimmende bezahlt, sondern er bezahlt den Verleiher. Im zweiten Falle erscheint ein Associé, ein Prokurist, ein Verwandter, ein Freund. Daß ein Fremder gegen Bezahlung auftrete, dürfte kaum vorkommen. Der Entwurf ist einer die üblichen Fälle treffenden Strafandrohung abgeneigt, weil von derselben ein Erfolg kaum zu erwarten sei. Dies muß abgewartet werden. Gerade gegenüber der im Verkehr vertretenen Auffassung, daß der zweite Fall bei der Inhaberaktie ein völlig zulässiger, in ihrem Wesen begründeter sei, hat das Gesetz die gegenteilige Auffassung ausdrücklich auszusprechen. Alsdann werden große Institute doch Anstand nehmen, den überschießenden Aktienbesitz, für welchen sie selbst kein Stimmrecht ausüben könnten, zu solcher Ausübung unter ihre Beamten zu verteilen. Wenn der Gesellschaftsvertrag zur Beschränkung des Übergewichtes großen Aktienbesitzes den Höchstbetrag der Stimmberechtigung limitieren darf, so ergiebt sich damit, daß der Satz, wer die Inhaberaktie innehabe, müsse stimmen dürfen, nicht richtig ist. Aber auch für die Namensaktie ist eine entsprechende Strafandrohung wichtig und sie wird hier ein für die Wirkung der Bestimmungen über die Haftung für den Vollbetrag der Aktie erhebliches Supplement bilden. Wenn der Namensaktionär das Eigentum an der Aktie abgetreten hat, ohne daß sich der Erwerber im Aktienbuche hat eintragen lassen, so darf, nach richtiger Würdigung der Intention des Gesetzes, keiner von beiden ein Stimmrecht ausüben, der erstere nicht, weil er nicht mehr Eigentümer ist, der letztere nicht, weil er sich nicht hat eintragen lassen. Eine Ausübung des Stimmrechtes durch letzteren mittels einer Vollmacht des ersteren würde den Zwecken des Gesetzes widersprechen. Hiernach empfiehlt es sich, den Artikel 249e dahin zu fassen:

„Wer in einer Generalversammlung dadurch, daß er sich oder einen Dritten fälschlich als Eigentümer der Aktie ausgiebt, ein Stimmrecht ausübt, sowie wer ihm die Aktie zu solcher Ausübung überlassen hat, wird mit Geldstrafe bis zu dreitausend Mark oder mit Gefängnis bis zu drei Monaten bestraft."

Endlich wird in dem Entwurfe eine Bestimmung über den Vorsitz in der Generalversammlung vermißt. Wird hierfür im Gesellschaftsvertrage keine Fürsorge getroffen, so würde die Generalversammlung den Vorsitzenden zu wählen haben und bis zur erfolgten Wahl, die ja nur durch Mehrheitsbeschluß entsprechend der Stimmberechtigung erfolgen kann, würde ein Mitglied des Organs, von welchem die Versammlung einberufen, dieselbe zu leiten haben. Dies erscheint schwerfällig. Wichtiger aber ist es noch, vorzusehen, daß auch bei Regelung der Frage des Vorsitzes durch den Gesellschaftsvertrag die Generalversammlung jederzeit durch Mehrheitsbeschluß einen anderen Vorsitzenden bestimmen kann. Damit wird in Fällen scharfen Gegensatzes gegen die Verwaltung die unparteiliche Leitung, mindestens das Vertrauen zu der Leitung, gefördert und stürmischen Szenen wie Streitigkeiten über die wirklichen Ergebnisse vorgebeugt.

Danach wäre in Artikel 221 als zweiter Absatz einzuschalten:

„In Ermangelung einer Bestimmung des Gesellschaftsvertrages erfolgt die Leitung der Generalversammlung durch ein von dem Aufsichtsrate zu bestimmendes Mitglied des Vorstandes oder des Aufsichtsrates. Durch Beschluß der Generalversammlung kann aber jederzeit die Leitung einer anderen als der hiernach oder in dem Gesellschaftsvertrage bestimmten Person übertragen werden."

VII. Der normale Geschäftsgang bei der Aktiengesellschaft und die Bilanz.

Die Aktiengesellschaft darf — bei Strafe der Nichtigkeit der Ausgabe — keine Promessen und Interimsscheine auf den Inhaber, keine solchen oder Aktien auf einen geringeren, als den gesetzlichen Mindestbetrag ausgeben. Sie soll — nur instruktionell, aber unter dem Präjudiz der Ersatzpflicht der schuldigen Organe gegenüber der Gesellschaft und strafrechtlicher Ahndung — keine Aktien vor voller Einzahlung des Nominal- oder festgesetzten anderen Ausgabebetrages und keine neuen Aktien, Promessen oder Interimsscheine vor stattgefundener Eintragung der Grundkapitalserhöhung in das Handelsregister ausgeben. Neu ist hierbei insbesondere die Bestimmung, daß auch bei Namensaktien keine Ausgabe von Aktien vor der Volleinzahlung stattfinden soll. Es scheint, als habe man dabei nur den Fall einer Ausgabe der Aktien als voll eingezahlter gegen Minderzahlung vor Augen gehabt. Nur in solchem Falle kann billiger Weise bei Namensaktien eine Ersatzpflicht gegenüber der Gesellschaft — Artikel 226 Nr. 4. 241 — und strafrechtliche Ahndung — Artikel 249b Nr. 2 — in Frage kommen. Aber die Fassung trifft auch die bisherige Übung bei Gesellschaften mit Namensaktien, insbesondere Versicherungsgesellschaften, über die Beteiligungen ohne Rücksicht darauf, daß noch Nachzahlungen eventuell zu leisten sind, Aktienurkunden auszustellen. Dies hat seinen guten Sinn, da sonst solche Gesellschaften, für welche die noch nicht gemachten Einzahlungen nur einen Garantiefond bilden, der vielleicht nie in Anspruch genommen wird, für allezeit bloß Interimspapiere haben würden. Dies zu ändern, liegt kaum ein Anlaß vor. Es erscheint daher eine Einschränkung des Artikel 215c, Absatz 4 gerechtfertigt.

Verblieben ist es bei dem Verbot des Erwerbs eigener Aktien seitens der Gesellschaft, unter ausdrücklicher Erstreckung des Verbotes auch auf Pfandnahme, aber unter Einschränkung des Erwerbs und der Pfandnahme auf den Fall ihres Geschehens im geschäftlichen Betriebe. Das scharfe: „darf nicht erwerben" ist gegenüber einem bloßen instruktionellen „soll" gerade in der Absicht beibehalten, die Erwerbsakte mit

Nichtigkeit zu behaften. Ausgenommen von dem Verbot ist aber die seitens der Gesellschaft erfolgende Ausführung einer Kommission zum Einkauf. Dies ist in Rücksicht auf das Bedürfnis Kommissionsgeschäfte treibender Banken geschehen. Aber die Ausnahme paßt schon nicht zu der scharfen Art der Formulierung der Regel. Wenn der Regel nach die Gesellschaft eigene Aktien nicht erwerben darf, so kann ihr niemand solche verkaufen, weil er sie wegen Unwirksamkeit des Geschäfts noch nach Jahren zurücknehmen müßte. Wie soll aber der Verkäufer sich vergewissern, daß der Ausnahmefall vorliegt, der das Geschäft wirksam macht? Soll ihm die Gesellschaft den Einkaufsauftrag vorzeigen müssen? Die Regel ist zu scharf formuliert, aber die Ausnahme höchst bedenklich. Statt die Möglichkeit eines Kommissionsverkehrs der Gesellschaft in ihren eigenen Aktien durch diese Ausnahme zu begünstigen, wäre es vielleicht viel zweckmäßiger, diesen überhaupt zu verbieten. Denkt man bloß an den harmlosen Auftrag eines Kunden zum Kasseeinkauf eines Postens von Gesellschaftsaktien behufs Kapitalanlage, so hätte die Sache kein Bedenken. Aber neben solchen Aufträgen steht der Kommissionsverkehr, der sich in fortgesetzten Aufträgen zum Einkauf und Wiederverkauf der Effekten auf Zeit vollzieht, mit seinen Reportierungen und Pfandverkaufs-Exekutionen. Betrachtet man im Hinblick auf solchen ausgedehnten Verkehr mit einer Reihe von Kommittenten den zugelassenen Ankauf eigener Aktien, so ergeben sich alsdann als naheliegend alle die Unzuträglichkeiten, wegen deren man den Erwerb eigener Aktien überhaupt für verbotswürdig erachtet, die Festlegung großer Teile des Kapitals in eigenen Aktien, wenn die Kommittenten sie nicht abnehmen, die Verführung, dieselben zum Stimmen in der Generalversammlung zu benutzen, die unrichtigen Schätzungen in der Bilanz, die Kurstreibereien in den eigenen Aktien durch Ankauf und Wiederverkauf, die Vereitelung des Rechts auf Vollzahlung durch Ankauf der noch nicht vollgezahlten Aktien, auf denen die Gesellschaft sitzen bleibt, weil die Kommittenten nicht zahlen. Dagegen erscheint die Verkehrsbeschränkung, daß die Banken sich den Verdienst am Kommissionseinkauf in eigenen Aktien entgehen lassen müssen, gering. Was aber die scharfe Fassung der Regel anlangt, so wäre die Folge der Unwirksamkeit des Erwerbsgeschäfts ungerechtfertigt, wenn der Verkäufer von vollgezahlten Aktien gar nicht weiß, daß die Gesellschaft seine Käuferin ist, weil diese durch den Mäkler gekauft hat. Man kann den Verkehr nicht dahin beschränken wollen, daß der Verkäufer, wenn durch sofortige Zahlung des Kaufpreises alle Beziehungen erledigt sind, sich immer noch um die Person seines Käufers kümmern müßte. Anders bei nicht vollgezahlten Aktien. Hier kann man verlangen, daß sich der Verkäufer um die Person seines Käufers kümmere und hier bedarf es besonderer Vorsicht seitens des Gesetzes, weil bei Wirksamkeit solchen Geschäfts das Recht der Gesellschaft auf Vollzahlung vereitelt werden kann. Demnach empfiehlt es sich, das Verbot im allgemeinen nur als instruktionelles für die Gesellschaftsorgane auszusprechen, aber zu bestimmen, daß das Kaufgeschäft nichtig ist, wenn der Verkäufer weiß, daß die Gesellschaft die Käuferin ist oder wenn Aktien, auf welche Vollzahlung noch nicht erfolgt ist, den Kaufgegenstand bilden.

Das Geschäftsjahr findet seinen Abschluß mit Aufstellung und Prüfung der Jahresbilanz. Der Entwurf verwirft die Forderung einer Semestralbilanz, weil es für manche Unternehmungen an jeder Grundlage für eine solche fehle, sie bei anderen wieder kein richtiges Bild gewähre, daher leicht Täuschungen veranlasse und zu ungerechtfertigter Spekulation anrege. Für Fälle dringender Notwendigkeit eines Einblickes im Laufe des Geschäftsjahres sind die noch zu behandelnden Minderheitsrechte gewährt. Aufstellung und Prüfung der Bilanz sind mit besonderen Garantien umgeben. Bis zum Ablauf der ersten drei Monate des neuen Geschäftsjahres, sofern nicht der Gesellschaftsvertrag eine längere Frist, die aber nicht über sechs Monate sein darf, bestimmt, muß der Vorstand eine Bilanz, eine Gewinn- und Verlustrechnung und einen Geschäftsbericht dem Aufsichtsrate und, mit dessen Prüfungsbericht versehen, der Generalversammlung vorlegen. Behufs Erwirkung detaillierter Klarlegung der Vermögensbestände kann der Reichskanzler für die Bilanz und die Gewinn- und Verlustrechnung nach Unternehmungsgattungen Schemata vorschreiben. Die bisherigen Grundsätze über die Aufstellung der Bilanz sind dahin erweitert, daß für Gegenstände, die keinen Börsen- oder Marktpreis haben, höchstens der Anschaffungs- oder Herstellungspreis unter Abzügen für die Abnutzung anzusetzen ist und daß Anlagen oder Gegenstände, die dauernd zum Geschäftsbetriebe der Gesellschaft bestimmt sind, zum Anschaffungs- oder Herstellungspreise ohne Rücksicht auf einen geringeren Wert unter entsprechenden Abzügen für die Abnutzung oder Ansetzung eines entsprechenden Erneuerungsfonds angesetzt werden dürfen. Jede Gesellschaft muß einen Reservefond haben, der zur Deckung eintretenden Grundkapitalsverlustes, wie auch außerordentlicher Verluste im Geschäftsbetriebe bestimmt ist. Ihm ist der Gewinn bei Emissionen über Pari, sowie bis zur Erreichung des zehnten Teiles des Grundkapitals oder eines höheren, im Gesellschaftsvertrage bestimmten Teiles jährlich mindestens ein Zwanzigstel des Reingewinnes zuzuführen. Die betreffenden Vorlagen für den Bilanzgenehmigungsbeschluß sind mindestens zwei Wochen vor der Generalversammlung im Geschäftslokale der Gesellschaft zur Einsicht der Aktionäre auszulegen. Jeder Aktionär kann auf seine Kosten eine Abschrift der Bilanz, der Gewinn- und Verlustrechnung und des Geschäftsberichtes fordern. Die Generalversammlung kann, auch wenn Revisoren als ein obligatorisches Organ im Gesellschaftsvertrage nicht vorgesehen, die Prüfung der Bilanz durch besondere Revisoren beschließen. Die Verhandlung muß vertagt werden, wenn es die Mehrheit beschließt, oder eine Minderheit, welche den zwanzigsten Teil des Grundkapitals umfaßt, unter Bemängelung bestimmter Ansätze der Bilanz verlangt. Im letztgedachten Falle gilt die Entlastung der Gesellschaftsorgane bezüglich der nicht bemängelten Ansätze als erfolgt. Auf Antrag gedachter Minderheit kann die Bestellung von Revisoren durch das Handelsgericht erfolgen. Die Revisoren haben ein unbeschränktes Recht auf Einsichtnahme aller Geschäftspapiere. Die Bilanz und die Gewinn- und Verlustrechnung sind mit dem Beschlusse über die Entlastung unverzüglich öffentlich bekannt zu machen und zum Handelsregister einzureichen.

Was die Vorschriften über die Bilanz anlangt, so dürfte es sich empfehlen, zwischen unter allen Umständen giltigen Normen und bloßen instruktionellen Regeln, denen gegenüber bei Besonderheit des Falles auch Ausnahmen zulässig oder sogar geboten sind, zu scheiden. Zu den ersteren gehören die Bestimmungen darüber, welche Posten auf die Passivseite gehören und inwieweit sie daselbst, statt zum vollen Betrage zu erscheinen, auf verschiedene Geschäftsjahre verteilt werden können. Zu den letzteren gehören die Grundsätze über die Bewertung. Sie sind nur

Fingerzeige dafür, wie ein sorgfältiger Kaufmann schätzen soll. Sie passen wohl für die Mehrzahl der Fälle, nicht für den einzelnen, besonders gearteten Fall. Würde die Aufstellung solcher Vorschriften die lebendige und individualisierende Prüfung und Entscheidung des Einzelfalles mit der Sorgfalt eines ordentlichen Geschäftsmannes beeinträchtigen, so wäre es besser, von solchen Vorschriften gänzlich abzusehen. Mag der Regel nach auch bei kurshabenden Papieren der Kurs zur Zeit der Bilanzaufstellung die zulässige Grenze der Bewertung bilden, so kann es im besonderen Einzelfalle, wenn der Kurs durch Machinationen zur Zeit herabgedrückt worden, wenn eine augenblickliche Panik oder ein Krach auch solide Effekten weit unter ihren Wert geworfen hat, mit der Sorgfalt eines ordentlichen Geschäftsmannes vereinbar sein, die Effekten höher zu bewerten oder den differierenden Betrag zu einer Spezialreserve zu nehmen, über deren Ausschüttung aber einer späteren Generalversammlung die Beschlußfassung vorzubehalten. So haben respektable Gesellschaften gehandelt, gerade um der ungesunden Depression einen Damm zu setzen. Daß für dauernde Anlagen der Anschaffungspreis abzüglich der Abnutzung ohne Rücksicht auf den wirklichen geringeren Wert angesetzt werde, ist dann nicht zutreffend, wenn der Gesellschaft ein übermäßiger Preis berechnet, sie durch die Übernahme böslich beschädigt ist.

Was aber die unbedingt maßgebenden Normen anlangt, so entspricht es der Praxis, insbesondere bei Versicherungsgesellschaften, und einem entschiedenen Bedürfnisse, zu gestatten, daß Organisationskosten, welche einen dauernden Ertrag zu sichern bestimmt sind, soweit sie einen bestimmten Prozentsatz des Grundkapitales nicht übersteigen, durch den Gesellschaftsvertrag oder einen Generalversammlungsbeschluß auf mehrere Jahre verteilt werden. Der Umstand, daß der Begriff der Organisationskosten kein festbestimmter ist, erscheint nicht ausreichend, dieses Bedürfnis zu ignorieren. Wünschenswert erscheint es auch, den Gesellschaften für die Veränderung ihrer Buchführung, welche durch die vorzuschreibenden Bilanzformulare erforderlich werden kann, einen ausreichenden Zeitraum zu gewähren.

Ferner bedarf die Vorschrift über die Vertagung der Verhandlung der Generalversammlung betreffend die Bilanzgenehmigung einer näheren

Vervollständigung und Modifikation. Es bedarf der Feststellung einer Zeitgrenze, innerhalb deren die Verhandlung zu erneuern ist. Die Analogie aber, die der Entwurf zwischen diesem Falle der Revisorenbestellung und dem einer außerordentlichen Revision wegen Verdachtes grober Mißbräuche — Art. 190b — zieht, erscheint nicht vollständig zutreffend. In dem hier behandelten Falle soll das Handelsgericht auf Antrag der Minderheit nicht bloß Revisoren bestellen können, sondern es muß sie bestellen.

Entwurf.

Artikel 215c, Absatz 4.

Vor der vollen Einzahlung des Nominalbetrages oder des für diesen im Falle des Artikels 215a, Absatz 2 festgesetzten Betrages sollen Aktien und im Falle einer stattgefundenen Erhöhung des Grundkapitales vor Eintragung desselben in das Handelsregister (Artikel 210) Aktien, Promessen oder Interimsscheine nicht ausgegeben werden.[1]

Artikel 215d, Absatz 1.

Die Aktiengesellschaft darf eigene Aktien, Promessen oder Interimsscheine im geschäftlichen Betriebe, sofern nicht eine Kommission zum Einkauf ausgeführt wird, weder erwerben, noch zum Pfande nehmen.

Artikel 239a.

Zur Prüfung der Bilanz können besondere Revisoren bestellt werden.

---

[1] Einer Abänderung bedarf auch die Strafvorschrift des Artikel 249b, Abs. 2, nach deren Wortlaut vor Einzahlung des ganzen Grundkapitals keine einzige Aktie, auch wenn auf sie Vollzahlung geleistet worden, ausgegeben werden dürfte. Dies soll doch wohl nicht beabsichtigt sein.

Hinzugefügt soll hier, da von den Bilanzen die Rede ist, die Vorschriften des Entwurfes in betreff der Auflösung der Aktiengesellschaft aber im allgemeinen zu Bedenken keinen Anlaß geben, nur noch werden, daß es äußerst zweckmäßig erscheint, wenn für die Bilanz, welche nach Art. 244a die Liquidatoren bei Beginn der Liquidation aufstellen sollen, die Einreichung zum Handelsregister und die Veröffentlichung in den Gesellschaftsblättern vorgeschrieben wird.

Darnach ergeben sich folgende Abänderungsvorschläge:

Änderungsvorschlag.

Artikel 215c, Absatz 4.

Wie nebenstehend, aber mit folgendem Zusatz:

Lauten nach dem Gesellschaftsvertrage die Aktien auf Namen, so ist die Ausgabe dieser Aktien vor der vollen Einzahlung des Nominalbetrages oder des für diesen im Falle des Artikels 215a, Absatz 2 festgesetzten Betrages statthaft, sofern die ausgegebenen Aktien den wirklich bisher eingezahlten Betrag bezeichnen.

Artikel 215d, Absatz 1.

Die Aktiengesellschaft soll eigene Aktien, Promessen oder Interimsscheine im geschäftlichen Betriebe weder erwerben, noch zum Pfande nehmen. Die von ihr geschlossenen Käufe sind nichtig, wenn der Verkäufer zur Zeit des Vertragsschlusses weiß, daß die Aktiengesellschaft die Käuferin ist oder wenn der Gegenstand des Kaufes in Aktien, Promessen oder Interimsscheinen, auf welche volle Einzahlung des Nominalbetrages[1] noch nicht stattgefunden hat, besteht.

Art. 239a.

Absatz 1 wie nebenstehend.

---

[1] „Oder des nach Artikel 215a Absatz 2 zugelassenen Minderbetrages" ist hinzuzufügen, wenn die bereits erwähnte Unterpari-Emission zugelassen wird.

Entwurf.

Die Verhandlung ist zu vertagen, wenn dies mit einfacher Stimmenmehrheit beschlossen, oder von einer Minderheit, deren Antheile den zwanzigsten Theil des Grundkapitals darstellen, verlangt wird, auf Antrag der Minderheit jedoch nur, soweit von ihr bestimmte Ansätze der Bilanz bemängelt werden. Im letzteren Falle kann auf Antrag der Minderheit die Ernennung der Revisoren durch das Handelsgericht erfolgen. Auf die Revisoren findet die Vorschrift des Artikels 190b, Absatz 3 Anwendung. Der Revisionsbericht ist von dem Vorstande zur Kenntniß der nächsten Generalversammlung zu bringen.

Artikel 185a (in Bezug genommen durch Artikel 239c).

Für die Aufstellung der Bilanz kommen die allgemeinen Vorschriften des Artikels 31 mit folgenden Maßgaben zur Anwendung:

1. Werthpapiere und Waaren, welche einen Börsen- oder Marktpreis haben, dürfen höchstens zu dem Börsen- oder Marktpreise zur Zeit der Bilanzaufstellung angesetzt werden;

2. andere Vermögensgegenstände sind höchstens zu dem Anschaffungs- oder Herstellungspreise anzusetzen; für Gegenstände, welche der Abnutzung unterliegen, ist ein derselben gleichkommender Betrag in Abzug zu bringen;

Änderungsvorschlag.

Die Verhandlung ist zu vertagen, wenn dies mit einfacher Stimmenmehrheit beschlossen, oder von einer Minderheit, deren Anteile den zwanzigsten Teil des Grundkapitales darstellen, verlangt wird, auf Antrag der Minderheit jedoch nur, soweit von ihr bestimmte Ansätze der Bilanz bemängelt werden. Im letzteren Falle hat auf Antrag der Minderheit die Ernennung der Revisoren durch das Handelsgericht zu erfolgen. Auf die Revisoren findet die Vorschrift des Artikels 190b, Absatz 3 Anwendung. Der Revisionsbericht ist von dem Vorstande zur Kenntnis der neuen Generalversammlung zu bringen. Diese darf nicht vor Ablauf eines Monates seit dem Vertagungsbeschluß, muß aber bis zum Ablauf von drei Monaten seit demselben, sofern nicht die Erstattung des Revisionsberichtes längere Zeit erfordert, stattfinden.

Artikel 239c.

Für die Aufstellung der Bilanz kommen die allgemeinen Vorschriften des Artikels 31 mit folgenden Maßgaben zur Anwendung:

1. der Betrag des Grundkapitals und der Betrag eines jeden Reserve- und Erneuerungsfonds sind unter die Passiva aufzunehmen. Rückständige Einzahlungen sind unter Angabe ihrer ziffermäßigen Höhe ersichtlich zu machen.[1]

2. die Kosten der Organisation und Verwaltung dürfen nicht als Aktiva, müssen vielmehr ihrem vollen Betrage nach in der Jahresrechnung als Ausgabe erscheinen. Doch kann in Bezug auf Kosten der ersten Organisation, sofern sie einen dauernden Ertrag zu sichern bestimmt sind, durch den Gesellschaftsvertrag, in Bezug auf solche Organisationskosten für spätere Erweiterungen des Geschäftsbetriebes durch einen vor solchen Erweiterungen gefaßten Beschluß der Generalversammlung festgesetzt werden, daß diese Kosten zu einem bestimmten Betrage

[1] Im Falle der Gestattung einer Unterpari-Emission wäre hier hinzuzufügen: „Ist in dem Falle einer Erhöhung des Grundkapitals der Betrag, für welchen die Aktien ausgegeben sind, gemäß Artikel 215a, Absatz 2 niedriger als der Nominalbetrag, so bleibt der letztere maßgebend. Doch kann die Differenz auf einen Zeitraum von höchstens fünf Jahren gleichmäßig verteilt werden."

Entwurf.

3. Anlagen und sonstige Gegenstände, welche nicht zur Weiterveräußerung, vielmehr dauernd zum Geschäftsbetriebe der Gesellschaft bestimmt sind, dürfen ohne Rücksicht auf einen geringeren Werth zu dem Anschaffungs- oder Herstellungspreise angesetzt werden, sofern ein der Abnutzung gleichkommender Betrag in Abzug gebracht oder ein derselben entsprechender Erneuerungsfonds in Ansatz gebracht wird;

4. die Kosten der Organisation und Verwaltung dürfen nicht als Aktiva, müssen vielmehr ihrem vollen Betrage nach in der Jahresrechnung als Ausgabe erscheinen;

5. der Betrag des Gesammtkapitals der Kommanditisten, der Antheil der persönlich haftenden Gesellschafter am sonstigen Gesellschaftsvermögen und der Betrag eines jeden Reserve- und Erneuerungsfonds sind unter die Passiva aufzunehmen. Ist in dem Falle einer Erhöhung des Gesammtkapitals der Betrag, für welchen die Aktien ausgegeben sind, niedriger als der Nominalbetrag, so bleibt der letztere maßgebend;

6. der aus der Vergleichung sämmtlicher Aktiva und sämmtlicher Passiva sich ergebende Gewinn oder Verlust muß am Schlusse der Bilanz besonders angegeben werden.

Im Uebrigen ist der Reichskanzler ermächtigt, für gewisse Arten von Unternehmungen Formulare aufzustellen, nach welchen die Gesellschaften die Bilanz und die Gewinn- und Verlustrechnung anzufertigen haben.

Artikel 239c.

Die Vorschriften der Artikel 185a, 185b über die Bilanz und den Reservefonds finden entsprechende Anwendung. Im Uebrigen werden die Grundsätze, nach welchen die Bilanz aufzunehmen und die Prüfung der Bilanz zu erfolgen hat, durch den Gesellschaftsvertrag bestimmt.

Änderungsvorschlag.

auf einen Zeitraum von höchstens fünf Jahren gleichmäßig verteilt werden. Es dürfen indessen zu solcher Verteilung keine höheren Beträge als im ganzen einmal drei Prozent des Grundkapitals gelangen. Für Versicherungsgesellschaften kann bei der staatlichen Genehmigung ein höherer Prozentbetrag und ein längerer Zeitraum für die Verteilung zugelassen werden.

3. der aus der Vergleichung sämtlicher Aktiva und sämtlicher Passiva sich ergebende Gewinn oder Verlust muß am Schlusse der Bilanz besonders angegeben werden.

Artikel 239c 1.

Bei der Festsetzung der Werte in der Bilanz ist mit der Sorgfalt eines ordentlichen Geschäftsmannes zu verfahren. Der Regel nach sind dabei folgende Grundsätze maßgebend:

1. Wertpapiere und Waren, welche einen laufenden Marktpreis

Entwurf.

Artikel 244a, Absatz 3.

Die Liquidatoren haben bei Beginn der Liquidation eine Bilanz aufzustellen.

Änderungsvorschlag.

haben, sollen höchstens zu dem Börsen- oder Marktpreise zur Zeit der Bilanzaufstellung angesetzt werden;

2. andere Vermögensgegenstände sollen höchstens zu dem Anschaffungs- oder Herstellungspreise angesetzt werden; für Gegenstände, welche der Abnutzung unterliegen, soll ein denselben gleichkommender Betrag in Abzug gebracht werden;

3. Anlagen oder sonstige Gegenstände, welche nicht zur Weiterveräußerung, vielmehr dauernd zum Geschäftsbetriebe der Gesellschaft bestimmt sind, dürfen ohne Rücksicht auf einen geringeren Wert zu dem Anschaffungs- oder Herstellungspreise angesetzt werden, sofern ein der Abnutzung gleichkommender Betrag in Abzug gebracht oder ein derselben entsprechender Erneuerungsfonds in Ansatz gebracht wird.

Artikel 239c 2.

Die Vorschriften des Artikels 185b über den Reservefonds finden entsprechende Anwendung.

Im übrigen werden die Grundsätze, nach welchen die Bilanz aufzunehmen, Reservefonds zu bilden und anzulegen sind und die Prüfung der Bilanz zu erfolgen hat, durch den Gesellschaftsvertrag bestimmt.

Der Reichskanzler ist ermächtigt, für gewisse Arten von Unternehmungen Formulare aufzustellen, nach welchen die Gesellschaften die Bilanz und die Gewinn- und Verlustrechnung anzufertigen haben. Dieselben treten für die betroffenen Gesellschaften, im Falle die Aufstellung in der ersten Hälfte ihres Geschäftsjahres erfolgt ist, nach Abschluß dieses Geschäftsjahres, anderenfalls erst nach Abschluß des nächstfolgenden Geschäftsjahres in Kraft.

Artikel 244, Absatz 3.

Die Liquidatoren haben bei Beginn der Liquidation eine Bilanz aufzustellen und dieselbe in den hierzu bestimmten öffentlichen Blättern bekannt zu machen, sowie zu dem Handelsregister einzureichen.

VIII. Verantwortlichkeit der Organe der Aktiengesellschaft.

Es ist behauptet worden, der Entwurf verschärfe die Verantwortlichkeit der Gesellschaftsorgane gegenüber dem bisherigen Rechtszustande erheblich. Diese Meinung kann die Autorität der Motive des Entwurfs für sich geltend machen, welche die Vorschläge des Entwurfs als solche Verschärfung bezeichnen. Allerdings setzt der Entwurf an Stelle spärlicher und lückenhafter, die Handhabung der Rechtsprechung unsicher machender Vorschriften des bisherigen Aktiengesetzes ein festes, vollständiges und klares System. Insofern mag man von einer Verschärfung sprechen können. Daß damit aber an die Gesellschaftsorgane wesentlich stärkere Zumutungen gestellt würden, als der derzeitige Rechtszustand nach richtig erkannten Tendenzen des bisherigen Aktiengesetzes in Verbindung mit allgemeinen Rechtsgrundsätzen stellt, kann nicht zugegeben werden. In nicht unwesentlichen Punkten bleibt sogar das vom Entwurfe Geforderte hinter dem, was jetzt bereits gefordert werden kann, zurück. Die Mitglieder des Aufsichtsrats und des Vorstandes, wie die Liquidatoren sollen bei Verrichtung ihrer Obliegenheiten die Sorgfalt eines ordentlichen Geschäftsmannes anwenden. Trotz gewisser Varietäten der Landesgesetze über das Maß der Sorgfalt eines Bevollmächtigten würde jedes Verhalten, welches nach dem nunmehr aufgestellten Maßstabe eine Pflichtverletzung enthält, als solche auch schon unter dem bisherigen Rechtszustande in der Rechtsprechung qualifiziert worden sein. Die Mitglieder gedachter Gesellschaftsorgane sollen, wenn sie in Anspruch genommen werden, die Anwendung dieser Sorgfalt beweisen müssen. Das sieht besonders scharf aus, ist auch bereits als unmotivierte Härte in Beurteilungen des Entwurfs bezeichnet worden. Und doch entspricht es richtiger Auffassung des schon geltenden Rechts und den natürlichen Lebensverhältnissen. Auch wenn man den Satz streicht, so mag allerdings mancher Richter bei der immer noch vorhandenen Neigung, an Schadensansprüche unerschwingliche Anforderungen zu stellen, in der Verteilung der Beweislast fehlgreifen, aber die wirkliche Geltung des Satzes wird durch die Streichung nicht beseitigt. Er beruht auf der

Auskunfts- und Rechenschaftspflicht eines Verwalters fremden Vermögens und der bei dieser Verwaltung Mitwirkenden, vermöge deren diese Personen im Falle der Verminderung des Vermögens anzugeben und im Bestreitungsfalle zu beweisen haben, daß sie das Vermögen so verwaltet haben, wie es ihre Pflicht aus dem Mandat erforderte. Es ist durchaus natürlich, daß bei dem Mißerfolg eines übertragenen Geschäfts der Geschäftsführer sich verantwortet, d. h. sein Verhalten derartig nachweist, daß sich daraus die Erfüllung seiner Pflichten ergiebt. Es hieße, den Geschäftsherrn wehrlos machen, wenn er der Art der Geschäftsführung nachspüren und das Handeln oder Unterlassen, welches für den Mißerfolg ursächlich war, ausfindig machen müßte. Voraussetzung solcher Beweislast wird natürlich immer sein, daß nach der Art des dargethanen Ereignisses, durch welches die Vermögensentziehung bewirkt worden, an sich die Annahme begründet ist, es habe durch Erfüllung der Obliegenheiten seitens der Gesellschaftsorgane verhindert werden können. Anderenfalls müßte solche Annahme vom Ersatzberechtigten besonders begründet werden. Wenn ein zur Vertretung der Gesellschaft legitimiertes Vorstandsmitglied einmal dem Statut oder der Geschäftsinstruktion zuwider ein schadenbringendes Geschäft namens der Gesellschaft geschlossen hat, so wird daraufhin vom Aufsichtsrat kein Nachweis seiner Sorgfalt bei Verpflichtung, anderenfalls den Schaden zu ersetzen, gefordert werden können. Wenn aber ein Vorstandsmitglied derartig fortgesetzt Gelder und Effektenbestände unterschlagen oder fortgesetzt instruktionswidrige Geschäfte für die Gesellschaft ausgeführt hat, daß man anzunehmen hätte, es habe dies einem seine Pflichten erfüllenden Aufsichtsrate nicht entgehen können, so müssen die Mitglieder des Aufsichtsrats beweisen, daß und wie sie entsprechend einem sorgfältigen Geschäftsmanne den Vorstand überwacht haben.

Die Haftung der Gesellschaftsorgane gegenüber der Gesellschaft wird vom Entwurf besonders in ihrem Umfange in denjenigen besonders zusammengestellten Fällen qualifiziert, in welchen dem Gesetze zuwider Grundkapital verausgabt oder, obwohl Handlungen vorgenommen worden, die seine Vereinnahmung voraussetzten, nicht vereinnahmt worden. Hier soll auf Ersatz — d. i. Ergänzung des fehlenden Grundkapitals schlechthin, ohne besonderen Nachweis eines in solcher Höhe bestehenden Schadens — gehaftet werden, und zwar seitens des Aufsichtsratsmitglieder, falls es mit ihrem Wissen und ohne ihr Einschreiten geschehen, seitens der Vorstandsmitglieder, soweit es unter Verletzung ihrer Obliegenheiten geschehen. Allerdings besteht nach dem bisherigen Gesetz bei der Aktiengesellschaft auch in diesen Fällen nur die Pflicht zum Schadenersatz. In allen normierten Fällen rechtswidriger Verausgabung vom Grundkapital, mit Ausnahme etwa der Verausgabung für Erwerb eigener Aktien, ergiebt sich aber ohne weiteres als Schaden die dem Grundkapital fehlende Summe, so daß hier Schadensersatz und Erstattungspflicht zusammenfallen. An dritte, von denen der Betrag vielleicht noch zurückgefordert werden kann, braucht sich die Gesellschaft, auch bei bloßem Recht auf Schadenersatz, von dem Verpflichteten nicht verweisen zu lassen.

Nach dem Entwurf haften die Gesellschaftsorgane der Gesellschaft. Daneben findet eine Haftung noch gegenüber den Gesellschaftsgläubigern, aber nur insofern statt, als diese in den bezeichneten Fällen gesetzwidriger Verausgabung oder Nichtvereinnahmung von Grundkapital, sofern sie von der Gesellschaft nicht Befriedigung erlangen können, den Ersatzanspruch der Gesellschaft selbstständig geltend machen können. Diese Haftung ist in betreff des Vorstandes entschieden eine erheblich eingeschränktere, als die des jetzigen Artikel 241, nach welchem die Vorstandsmitglieder jedem, also auch den Gesellschaftsgläubigern, für ein beschädigendes Handeln außerhalb der Grenzen ihres Auftrages und ein Entgegenhandeln gegen die Bestimmungen des Aktiengesetzes wie auch des Gesellschaftsvertrages haftbar sind.

Die Wirkungen dieser Übertragung des Gesellschaftsanspruches an die Gesellschaftsgläubiger zur selbständigen Verfolgung können im einzelnen viele Zweifel hervorrufen. Erlischt die Möglichkeit dieser Verfolgung, wenn die Gesellschaft den Organen Decharge erteilt hat? Bejaht man dies, so ist dies ganze Recht der Gläubiger illusorisch. Wie sollten die Gläubiger dazu kommen, bereits im Laufe des Geschäftsjahres der Gesellschaft durch Arreste die Dechargeerteilung zu untersagen? Und wie steht es, wenn die Gesellschaft sich verglichen hat? Die Konstruktion hat etwas Verzwicktes. Sie erscheint namentlich bedenklich in den Fällen der Übertretung der Vorschriften über die Vereinigung der Vermögen bei der Fusion und der Leistung von Zahlungen nach bereits eingetretener Zahlungsunfähigkeit der Gesellschaft, in welchen Fällen die Gläubiger eigentlich die unmittelbar Verletzten sind und nur künstlich ein Anspruch der Gesellschaft — freilich im Falle etwaiger Konkurseröffnung über die aufgelöste, bez. zahlungsunfähig gewordene Gesellschaft nicht unzweckmäßig — konstruiert ist. Angemessener möchte es sein, einfach den Gesellschaftsgläubigern in den gedachten Fällen, wenn sie von der Gesellschaft Befriedigung nicht erlangen können, einen selbständigen Ersatzanspruch gegen die schuldigen Organe, soweit diese der Gesellschaft Ersatz noch nicht geleistet haben, zu gewähren.

Der Entwurf bestimmt, daß die Haftpflicht den Gesellschaftsgläubigern gegenüber dadurch nicht aufgehoben werde, daß die Handlung auf einem Beschlusse der Generalversammlung beruhe. Dies geschieht in der Tendenz, die Haftung gegen die Gesellschaft in solchem Falle auszuschließen. Diese letzte Einschränkung der Haftung, wonach Vorstand und Aufsichtsrat von jeder Verantwortung gegen die Gesellschaft frei sein sollen, wenn die von ihnen ausgeführte Handlung auf einem Generalversammlungsbeschlusse beruht, ist höchst bedenklich. Der theoretischen Darlegung, daß die Generalversammlung keineswegs der Mandant oder Prinzipal, sondern auch nur ein Organ der Gesellschaft mit bestimmter Zuständigkeit in den Grenzen von Gesetz und Statut ist, möchte man vielleicht den praktischen Mißstand entgegenhalten wollen, daß es häufig sehr zweifelhaft ist, ob ein Generalversammlungsbeschluß mit dem Gesetz oder Statut in Einklang steht oder nicht und daß Vorstand und Aufsichtsrat sich in übler Lage befinden, wenn sie, je nachdem die schließliche Entscheidung fällt, entweder für die Ausführung oder für die Nichtausführung verantwortlich sind. Mehr kann freilich von den gedachten Organen nicht gefordert werden, als daß sie die Ausführung unterlassen müssen, wenn die Prüfung mit der Sorgfalt eines ordentlichen Geschäftsmannes ihnen die Gesetzwidrigkeit oder Statutenwidrigkeit des Beschlusses ergeben mußte. Dies aber muß gefordert werden. Hierauf beruht der nothwendige Schutz des einzelnen Aktionärs, für den die Anfechtung der Beschlüsse illusorisch wird, wenn die Beschlüsse unterdessen vom Vorstande und Aufsichtsrate, ohne daß sie eine Verantwortung trifft, ausgeführt werden durften.

Geboten erscheint ferner auch hier, insbesondere gerade wegen der den Gesellschaftsorganen obliegenden Beweispflicht, für alle diese Ersatzansprüche eine kürzere Verjährungsfrist festzusetzen. Dies gilt insbesondere gegenüber den Ansprüchen der Gesellschaftsgläubiger, welchen doch wohl nach der Intention des Entwurfes die jährliche Decharge der Gesellschaft nicht entgegenstehen soll. Solche kürzere Verjährung erscheint aber angemessen und billig auch den Ansprüchen der Gesellschaft gegenüber, da die jährliche Decharge nicht die Anfechtung derselben wegen Irrtums oder Auslassungen in den Bilanzen oder den Geschäftsberichten

Entwurf.

Artikel 226.

Die Mitglieder des Aufsichtsrathes haben die Sorgfalt eines ordentlichen Geschäftsmannes anzuwenden. Sie haben, wenn sie in Anspruch genommen werden, die Anwendung dieser Sorgfalt zu beweisen.

Dieselben sind der Gesellschaft persönlich und solidarisch zum Ersatze verpflichtet, wenn mit ihrem Wissen und ohne ihr Einschreiten entgegen den gesetzlichen Bestimmungen:

1. Einlagen an die Aktionäre zurückgezahlt;
2. Zinsen oder Dividenden gezahlt;
3. eigene Aktien, Promessen oder Interimsscheine der Gesellschaft erworben, zum Pfande genommen oder amortisirt worden;
4. Aktien vor der vollen Einzahlung des Nominalbetrages oder des für diesen im Falle des Artikel 215a, Absatz 2 festgesetzten Betrages, oder Aktien, Promessen oder Interimsscheine im Falle einer stattgefundenen Erhöhung des Grundkapitales vor Eintragung derselben in das Handelsregister (Artikel 210) ausgegeben sind;
5. die Vertheilung des Gesellschaftsvermögens, eine theilweise Zurückzahlung oder Herabsetzung des Grundkapitales oder im Falle des Artikels 215, Absatz 3 die Vereinigung der Vermögen der beiden Gesellschaften erfolgt ist.

Der Ersatzanspruch kann in den Fällen des zweiten Absatzes auch von den Gläubigern der Gesellschaft, soweit sie von dieser ihre Befrie-

ausschließt, in welchem Falle die Ansprüche wieder aufleben würden. Auch Beunruhigungen mit Ansprüchen auf Grund solcher Anfechtungsversuche müssen nach einer kürzeren Zeit unmöglich sein. Nur im Falle des Nachweises, daß in der Bilanz oder dem Geschäftsberichte Schädigungen oder die Gründe derselben in betrügerischer Absicht verheimlicht oder falsch dargestellt worden, dürfte die kürzere Verjährung auszuschließen sein.

Folgende Abänderungsvorschläge werden hiernach gemacht:

Änderungsvorschlag.

Artikel 226.

Die Mitglieder des Aufsichtsrates haben die Sorgfalt eines ordentlichen Geschäftsmannes anzuwenden. Sie haben, wenn sie in Anspruch genommen werden, die Anwendung dieser Sorgfalt zu beweisen. Mitglieder, welche ihre Obliegenheiten verletzen, haften neben den schuldigen Mitgliedern des Vorstandes der Gesellschaft solidarisch für den hierdurch entstandenen Schaden.

Sie sind der Gesellschaft zum Ersatze verpflichtet, wenn mit ihrem Wissen und ohne ihr Einschreiten entgegen den gesetzlichen Bestimmungen:

1. Einlagen an die Aktionäre zurückgezahlt;

2. Zinsen oder Dividenden gezahlt;

3. eigene Aktien, Promessen oder Interimsscheine der Gesellschaft erworben, zum Pfande genommen oder amortisiert worden;

4. Aktien vor der vollen Einzahlung des Nominalbetrages oder des für diesen im Falle des Artikel 215a, Absatz 2 festgesetzten Betrages oder Aktien, Promessen oder Interimsscheine im Falle einer stattgefundenen Erhöhung des Grundkapitales vor Eintragung derselben in das Handelsregister (Artikel 210) ausgegeben sind;

5. die Verteilung des Gesellschaftsvermögens, eine teilweise Zurückzahlung oder Herabsetzung des Grundkapitales stattgefunden hat oder im Falle des Artikels 215, Absatz 3 die Vereinigung der Vermögen der beiden Gesellschaften erfolgt ist;

Entwurf.

digung nicht erlangen können, selbständig geltend gemacht werden. Die Ersatzpflicht wird ihnen gegenüber dadurch nicht aufgehoben, daß die Handlung auf einem Beschlusse der Generalversammlung beruht.

Artikel 241.

Die Mitglieder des Vorstandes sind aus den von ihnen im Namen der Gesellschaft vorgenommenen Rechtshandlungen Dritten gegenüber für die Verbindlichkeiten der Gesellschaft persönlich nicht verpflichtet.

Die Mitglieder des Vorstandes haben die Sorgfalt eines ordent-

Änderungsvorschlag.

6. nach der Zahlungsunfähigkeit oder Überschuldung der Gesellschaft (Artikel 240, Absatz 2) noch Zahlungen geleistet sind.

In den Fällen des Absatz 2 können wider die schuldigen Aufsichtsratsmitglieder als solidarisch neben den schuldigen Vorstandsmitgliedern haftbar auch diejenigen, welche zur Zeit der Gesetzesverletzung Gläubiger der Gesellschaft waren, selbständig einen Anspruch auf Ersatz, soweit derselbe an die Gesellschaft noch nicht geleistet ist, erheben, wenn sie von der Gesellschaft ihre Befriedigung nicht erlangen können.

Die Ersatzpflicht wird auch gegenüber der Gesellschaft dadurch nicht aufgehoben, daß die Handlung auf einem Beschluß der Generalversammlung beruht, sofern das Mitglied des Aufsichtsrats bei Anwendung der Sorgfalt eines ordentlichen Geschäftsmannes erkennen mußte, daß der Beschluß das Gesetz oder den Gesellschaftsvertrag verletze.

Alle in diesem Artikel bezeichneten Ansprüche verjähren in fünf Jahren. Die Verjährung beginnt mit dem Ablauf des Geschäftsjahres, in welchem der Schaden oder in den Fällen des Absatz 2 die gesetzwidrige Handlung eingetreten ist. Diese Verjährung bleibt ausgeschlossen, wenn in den in Artikel 239 vorgesehenen Vorlagen an die Generalversammlung die Schädigung oder die gesetzwidrige Handlung in der Absicht der Täuschung verheimlicht oder falsch dargestellt worden ist.

Artikel 241.

Wie nebenstehend.

Wie nebenstehend.

Entwurf.

lichen Geschäftsmannes anzuwenden. Sie haben, wenn sie in Anspruch genommen werden, die Anwendung dieser Sorgfalt zu beweisen.

Mitglieder, welche ihre Obliegenheiten verletzen, haften der Gesellschaft solidarisch für den dadurch entstandenen Schaden. Insbesondere sind sie in den Fällen des Artikels 226 Ziffer 1—5, sowie in dem Fall einer nach der Zahlungsunfähigkeit oder Ueberschuldung der Gesellschaft (Art. 240, Abs. 2) geleisteten Zahlung zum Ersatze verpflichtet.

In den vorbezeichneten Fällen kann der Ersatzanspruch auch von den Gläubigern der Gesellschaft, soweit sie von diesen ihre Befriedigung nicht erlangen können, selbständig geltend gemacht werden. Die Ersatzpflicht wird ihnen gegenüber dadurch nicht aufgehoben, daß die Handlung auf einen Beschluß der Generalversammlung beruht.

Änderungsvorschlag.

Mitglieder, welche ihre Obliegenheiten verletzen, haften der Gesellschaft solidarisch für den dadurch entstandenen Schaden. Insbesondere sind sie derselben bei Verletzung ihrer Obliegenheiten in den Fällen des Artikels 226 Ziffer 1—6 zum Ersatze verpflichtet.

Im übrigen kommen die Vorschriften des Artikel 226, Absatz 3, 4 und 5 zur entsprechenden Anwendung.

In betreff der Änderungsvorschläge in den Details dürften folgende Bemerkungen genügen. Indem der Entwurf beim Aufsichtsrat die solidarische Haftung nur bei der qualifizierten Haftung auf Ersatz im Absatz 2, des Art. 226 ausspricht, erzeugt er die Folgerung, daß bei sonstigen Pflichtverletzungen mehrerer diese für einen und denselben daraus entstandenen Schaden nicht solidarisch haften. Dies erscheint, wie bereits früher angeführt, nicht zutreffend. Es erscheint ferner ein ausdrücklicher Ausspruch darüber zweckmäßig, ob die Mitglieder des Aufsichtsrates bei gleichzeitiger Schuld des Vorstandes nur subsidiarisch haften. Dies möchte man aus Grundsätzen des Gemeinen Rechts, wenn nichts gesagt wird, folgern wollen. Es entspräche dies aber der Stellung, welche schon das Gesetz dem Aufsichtsrate zuweist, nicht und noch weniger der über bloße Aufsicht hinausgehenden Mitwirkung bei den Geschäften, welche ihm auch in Zukunft in der Regel durch das Statut zugewiesen werden wird und darf. Es liegt endlich kein Grund vor, den Fall, daß die überschuldete Gesellschaft noch Zahlungen leistet, bloß als einen die Verantwortung des Vorstandes begründenden aufzustellen. Wissen die Mitglieder des Aufsichtsrates davon und lassen es geschehen, so liegt dieser Fall nicht anders, wie die übrigen im Artikel 226 hervorgehobenen.

IX. Minderheitsrechte.

In Rücksicht auf den langen Zeitverlauf zwischen den Jahres-Generalversammlungen, zum Zwecke möglicher Kontrolle der Geschäftsführung auch während des Geschäftsjahres und wirksamerer Kontrolle des Jahresabschlusses, sowie zum Schutze der Einzelaktionäre gegen Vergewaltigung durch künstliche oder übelwollende Mehrheiten in den Generalversammlungen sind, vorwiegend allerdings nur bei der Aktiengesellschaft, gewissen Minderheiten Rechte der Initiative und Durchführung von Ansprüchen über das Maß des bisher Geltenden hinaus verliehen. Es liegt in der Natur dieser Gewährungen, daß sie auch mißbräuchlich zu Chikanen und absichtlichen Beschädigungen der Gesellschaft um eines verwerflichen Sonderinteresses willen benutzt werden können.

Bei der Aktiengesellschaft soll schon Aktionären im Betrage von einem Zwanzigstel des Grundkapitales — bisher war ein Zehntel erfordert — und zwar, ohne daß der Gesellschaftsvertrag, was ihm bisher zustand, einen höheren Betrag festsetzen kann, das Recht zustehen, jederzeit unter Angabe des Zweckes und der Gründe die Berufung einer Generalversammlung zu fordern, ebenso das — bisher nicht normierte — Recht, die Ankündigung bestimmter Gegenstände zur Beschlußfassung in einer Generalversammlung zu verlangen. Wird diesem Verlangen von den Gesellschaftsorganen nicht entsprochen, so kann — woran es bisher fehlte — das Handelsgericht die Aktionäre zur Einberufung wie Ankündigung des Gegenstandes ermächtigen. Bei der Kommanditaktiengesellschaft — es erscheint zweckmäßig, hier beide Gesellschaftsarten zu betrachten, weil besonders in den Unterschieden bei Gewährung der Minderheitsrechte sich die Eigenart ihrer vom Entwurf gewollten Gestaltung ausprägt — ist es bei dem bisherigen Erfordernis eines Zehntels des Kommanditistenkapitales, wie der Befugnis des Gesellschaftsvertrages, die Quote noch höher zu stellen, verblieben. Die Berufung der Generalversammlung durch diese Minderheit mit Ermächtigung des Handelsgerichtes ist hier ebenfalls vorgesehen, aber nicht das

Recht, die Ankündigung von Gegenständen für die Generalversammlung zu verlangen.

Bereits erwähnt ist das Recht von Aktionären im Betrage eines Zwanzigstels des Grundkapitales bei der Aktiengesellschaft auf Vertagung der Verhandlung der Generalversammlung über die Bilanz und auf Bestellung von Revisoren. Solches Recht ist bei der Kommanditaktiengesellschaft nicht normiert, überhaupt bei derselben ein gesetzliches Recht auch nur der Mehrheit der Kommanditisten auf Prüfung der Bilanz durch Revisoren nicht vorgesehen.

Bei der Aktiengesellschaft sind Ersatzansprüche gegen aus der Gründung verpflichtete Personen und gegen Gesellschaftsorgane zu erheben, wenn es Aktionäre im Betrage des fünften Teiles des Grundkapitales in der Generalversammlung verlangen. Die Erhebung muß binnen drei Monaten nach der Generalversammlung erfolgen. Das Handelsgericht kann die von der Minderheit bezeichneten Personen zu Bevollmächtigten der Gesellschaft für die Prozeßführung ernennen. Die Minderheit hat ihre Aktien gerichtlich zu hinterlegen und muß der Gesellschaft die Prozeßkosten erstatten. Dieses Verfolgungsrecht seitens einer Minderheit ist für die Kommanditaktiengesellschaft nicht eingeführt.

Für beide Gesellschaftsarten ist einer Minderheit in Höhe des zehnten Teiles des Aktien- bez. Kommanditkapitales das Recht eingeräumt, im Falle der Glaubhaftmachung, daß bei Gründung, Geschäftsführung oder Liquidation Unredlichkeiten oder grobe Verletzungen von Gesetz oder Statut vorgekommen, beim Handelsgericht die Ernennung von Revisoren zur Prüfung des Herganges zu verlangen. Vor der Anordnung sind die Gesellschaftsorgane zu hören. Die Anordnung kann von Sicherheitsleistung seitens der Antragsteller abhängig gemacht werden. Der Bericht der Revisoren, die Einsicht in alle Bücher und Schriften der Gesellschaft nehmen dürfen, ist zum Handelsregister einzureichen und zur Kenntnis der nächsten Generalversammlung zu bringen.

Auf Antrag von Aktionären im Betrage von einem Zwanzigstel des Grundkapitales bei Aktiengesellschaften und von einem Zehntel des Kommanditkapitales bei Kommanditaktiengesellschaften kann aus wichtigen Gründen Ernennung und Abberufung von Liquidatoren durch den Richter erfolgen.

Aktionäre im Betrage des fünften Teiles des Grundkapitales können, sofern die Auflösung der Gesellschaft von der Generalversammlung abgelehnt worden ist, die Auflösung durch richterliches Urteil unter Hinterlegung der Aktien betreiben, bei der Aktiengesellschaft, wenn die Erreichung des Gesellschaftszweckes unmöglich wird oder andere wichtige Gründe vorliegen, bei der Kommanditaktiengesellschaft im Falle der Unmöglichkeit der Zweckserreichung aus äußeren Gründen, sowie wegen Unredlichkeiten, wesentlicher Pflichtverletzungen und dauernder Verhinderungen des persönlich haftenden Gesellschafters.

Endlich ist das in der Doktrin und Praxis bereits anerkannte Recht des Einzelaktionärs auf Anfechtung von Generalversammlungsbeschlüssen wegen Verletzung des Gesetzes oder Statuts für beide Gesellschaftsarten ausgesprochen, aber dahin beschränkt, daß solches Recht nur binnen drei Monaten von der Beschlußfassung ab und, sofern nicht der Anfechtungsgrund in nicht gehörig erfolgter Berufung der Generalversammlung oder nicht gehöriger Ankündigung des Gegenstandes der Beschlußfassung besteht, nur von in der Versammlung erschienenen Aktionären, die in derselben zu Protokoll Widerspruch gegen den Beschluß erhoben haben, geltend gemacht werden kann.

Von diesen eingeräumten Minderheitsrechten werden die auf Erhebung der Ersatzansprüche gegen die Gesellschaftsorgane, auf außerordentliche Revision wegen Glaubhaftmachung von Mißbräuchen und auf Betreibung der Auflösung durch Urteil insbesondere in Handelskreisen als zu weitgehend und geeignet, Chikanen und Baissespekulationen Vorschub zu leisten, angesehen.

Was den ersten Fall anlangt, so kann allerdings nicht verkannt werden, daß die selbst erfolgreiche Geltendmachung der Ersatzansprüche unter Umständen eine Gesellschaft mehr schädigt, als ihr nützt. Es liegt in der Natur der Solidarität des Großkapitals, daß Finanzmänner von Ansehen und Macht es nicht als eine ihnen zusagende Aufgabe empfinden, ihre Kollegen mit Schadensklagen zu verfolgen oder verfolgen zu lassen und daher leicht einer Gesellschaft, in der solche Ansprüche verfolgt werden, ihre Unterstützung und Leitung entziehen werden. Die Minoritäten haben sich aber meist mehr durch blinden Eifer, als durch die Fähigkeit und Macht, ein notleidendes Unternehmen zu leiten und ihm aufzuhelfen, ausgezeichnet. Indessen ist die erforderliche Minderheitsquote von einem Fünftel des Grundkapitals, welche also eine Anwesenheit von mehr als zwei Fünfteln in der die Verfolgung ablehnenden Generalversammlung voraussetzt, eine so große, daß das Gesetz in der Regel nicht mehr leisten wird, als dadurch, daß es existiert, den Mehrheiten und den leitenden Organen etwas mehr Rücksicht und Entgegenkommen aufzuzwingen, als dies häufig bisher geschehen. Wenn von etwa drei Fünfteln Grundkapital, die in der Generalversammlung vertreten sind, ein Fünftel die Verfolgung will, so werden doch gegen ein Aufgeben des Anspruchs erhebliche Bedenken obwalten. Daß in der Generalversammlung mehr als drei Fünftel des Grundkapitals vertreten sind, wird zu den Seltenheiten gehören. Die Pflicht der Minderheit, ihre Aktien während der Dauer des Prozesses hinterlegt zu lassen, bildet ein nicht unerhebliches Mittel gegen Verfolgung aus bloßer Chikane oder Spekulation.

Das Recht des Zehntels auf außerordentliche Geschäftsrevision kann nur dann praktisch wirksam werden, wenn es den Gesellschaftsorganen nicht gelänge, den dringenden Verdacht der groben Verstöße beim Richter zu beseitigen. Liegt in der That nichts vor, so wird eine geschickte und redliche Verwaltung auch den Schein zu beseitigen im stande sein. Auf einen gewissen Takt des Richters wird dabei doch auch zu rechnen sein. Wenn man unterstellt, schon die Thatsache, daß solcher Antrag gestellt werde, könne die Gesellschaft schädigen und es könne dies gerade in unlauterer Absicht geschehen, so ist dagegen zu bemerken, daß keine Gesellschaft die absichtliche Erzeugung von Gerüchten über schlechte Lage und Mißwirtschaft zu verhindern vermag und eine umsichtige und redliche Leitung in solchem Falle immer die Pflicht, aber auch die Möglichkeit hat, solchen Gerüchten wirksam entgegenzutreten. Empfehlen aber wird es sich, im Falle, daß das Begehren der Revision offenbar mutwillig gestellt ist, dem Gerichte die Befugnis zuzusprechen, auf Antrag der Gesellschaftsorgane auch ohne Nachweis eines Schadens auf eine von den Begehrenden an die Gesellschaft zu erlegende, in ihrem Höchstbetrage nicht zu gering zu bemessende Buße zu erkennen. Dies kann sowohl bei der Zurückweisung des Begehrens als unbegründet, wie auch, sofern ihm stattgegeben, nach Erstattung des Revisorenberichts geschehen. Ein wirklicher Schaden der Gesellschaft wird häufig schwer nachweisbar sein. Möglicherweise wird die Gesellschaft gar nicht beschädigt, sondern es leiden nur die Aktionäre unter dem Sinken des Kurses.

Zweckmäßig wird es dagegen sein, von den Gründen für den Betrieb der Auflösung der Gesellschaft durch eine Minderheit lediglich den der durch äußere Umstände eingetretenen Unmöglichkeit der Erreichung des Zwecks gelten zu lassen. Die sonstigen Gründe sind zu unbestimmt gehalten und geben die Gesellschaft zu sehr in die reine Diskretion des Richters. Wem die Gesellschaft nicht mehr behagt, der mag, wenn die Mehrheit sie erhalten will, seine Aktien verkaufen. Die Zulassung der Versagung des Auflösungsgrundes, daß die Erreichung des Gesellschaftszweckes unmöglich ist, erscheint um so unbedenklicher, als der Generalversammlung ja weitgehende Machtvollkommenheit auch zur Veränderung des Gegenstandes des Unternehmens erteilt ist. Wünschenswert wird es allerdings sein, auszusprechen, daß auch noch nach Erhebung der Auflösungsklage mit der Wirkung, sie hinfällig zu machen, solche Veränderung wirksam beschlossen werden kann. Freilich bleibt hier immer noch das Bedenken bestehen, daß auch die Erhebung einer unbegründeten Klage die Gesellschaft erheblich schädigen und zum Zwecke solcher Schädigung und einer profitablen Entgründung bewirkt sein kann. In der That ist auch nicht ersichtlich, warum hier gerade der Entwurf, der sonst überall, wo eine Handlung gegen den in der Generalversammlung bekundeten Mehrheitswillen vorgenommen werden soll, Aktionäre, welche nicht in jener Generalversammlung erschienen und ihren entgegengesetzten Willen bekundet haben, präkludiert, das Recht zu der entgegen dem Beschluß der Generalversammlung auf Nichtauflösung anzustellenden Klage dem fünften Teil des Grundkapitals auch ohne die Erfüllung des gedachten Erfordernisses gewährt. Auch fehlt es, wenn man beim Entwurf stehen bleiben wollte, an der Bestimmung einer Frist, binnen welcher nach Ablehnung der Auflösung durch die Generalversammlung die Minderheit ihre Klage anzustellen hätte, ohne solche Frist ist die gestellte Vorbedingung des Generalversammlungsbeschlusses ohne Bedeutung. Es wird übrigens zweckmäßig sein, die Zulässigkeit der Verurteilung der Kläger im Falle offenbaren Mutwillens zu einer Buße auch auf diesen Fall zu erstrecken.

Sodann erscheint es, sofern man nicht die ausschließliche Zuständigkeit des Landgerichts für die Funktionen des Handelsgerichts, wie bereits vorgeschlagen, allgemein vorschreiben will, mindestens unerläßlich, vorzuschreiben, daß die Entscheidung über die Anträge auf außerordentliche Geschäftsrevision und auf richterliche Ernennung und Abberufung von Liquidatoren nur von einer Handels-, bez. Civilkammer des Landgerichts getroffen werden kann.

Ein triftiger Grund, dem in der Generalversammlung nicht erschienenen Aktionär das Recht der Anfechtung der Beschlüsse derselben wegen Verletzung des Gesetzes oder des Gesellschafsvertrages zu versagen, liegt nicht vor. Jeder Aktionär darf darauf rechnen, daß seine Mitaktionäre Gesetz und Statut achten werden. Das noch außerdem aufgestellte Erfordernis, daß der Aktionär, um klagen zu können, seinen Widerspruch gegen den Beschluß in der Versammlung zu Protokoll erklärt haben müsse, wird zu mannigfachen nicht zu rechtfertigenden Rechtsverlusten führen, da sich die Tragweite eines gefaßten Beschlusses nicht immer sofort übersehen läßt, auch es den einzelnen Aktionären häufig an der erforderlichen Initiative und Umsicht fehlt, um die geschehene Aufnahme des Protestes in das Verhandlungsprotokoll zu kontrollieren.

In den Motiven S. 239 wird es als eine sich auch ohne ausdrücklichen Gesetzesausspruch aus der Natur des Anfechtungsrechts ergebende Folgerung angesehen, daß, wenn ein Aktionär mit seiner Anfechtungsklage abgewiesen wird, damit die Nichtexistenz des geltend gemachten Anfechtungsgrundes für die Gesellschaft und die Gesamtheit der Aktionäre nicht festgestellt ist, daß aber, sobald ein Aktionär mit seiner Klage obsiegt, damit die Ungültigkeit des Beschlusses für die Gesellschaft und die Aktionäre präjudiziell erfolgt. Diese Ausführung ist durchaus nicht überzeugend und ein positiver Ausspruch des Gesetzes, der ergiebt, daß die Wirkung der beiden Fälle eine verschiedene sein soll, sehr wünschenswert. Die bloße instruktionelle Vorschrift, daß der Vorstand die Erhebung der Klage in den Gesellschaftsblättern veröffentliche, genügt nicht, um den übrigen Aktionären die Möglichkeit einer Teilnahme am Prozesse thunlichst zu sichern. Vermißt wird eine Bestimmung, gegen wen die Klage bei der Kommanditaktiengesellschaft zu richten ist.[1] Die richtige Beklagte kann hier nicht

[1] Bereits von Renaud, Der Entwurf eines Reichsgesetzes betr. die K. A. G. und A. G. in Busch Arch. Bd. 45 S. 54 hervorgehoben.

die Gesellschaft, vertreten durch den persönlich haftenden Gesellschafter, sondern nur die Gesamtheit der Kommanditisten, vertreten durch den Aufsichtsrat, sein. Vergl. Artikel 194. 195. Die Abänderungsvorschläge sind folgende:

Entwurf.

Artikel 190 a.

Ein Beschluß der Generalversammlung kann wegen Verletzung des Gesetzes oder des Gesellschaftsvertrages als ungültig von jedem Kommanditisten, welcher in der Versammlung gegen den Beschluß Widerspruch zu Protokoll erklärt hat, binnen drei Monaten durch Erhebung der Klage ausschließlich vor dem Landgericht, in dessen Bezirke die Gesellschaft ihren Sitz hat, angefochten werden.

Zur Anfechtung des Beschlusses aus dem Grunde, daß die Berufung der Generalversammlung oder die Ankündigung des Gegenstandes der Beschlußfassung nicht gehörig erfolgt war, ist auch ein nicht erschienener Kommanditist berechtigt. Die Erhebung der Klage ist unverzüglich von den persönlich haftenden Gesellschaftern in den für die Bekanntmachungen der Gesellschaft bestimmten Blättern zu veröffentlichen. Der Kläger hat seine Aktien gerichtlich zu hinterlegen. Das Urtheil, welches den Beschluß rechtskräftig für ungültig erklärt, ist von den persönlich haftenden Gesellschaftern ohne Verzug zu dem Handelsregister einzureichen. War der Beschluß in dasselbe eingetragen, so erfolgt in gleicher Weise die Eintragung des Urtheils.

Artikel 190 b.

Auf Antrag von Kommanditisten, deren Antheile zusammen den zehnten Teil des Gesammtkapitals darstellen, kann das Handelsgericht, sofern glaubhaft gemacht wird, daß bei der Gründung, Geschäfts-

Änderungsvorschlag.

Artikel 190a.

Ein Beschluß der Generalversammlung kann wegen Verletzung des Gesetzes oder des Gesellschaftsvertrages als ungültig von jedem Kommanditisten binnen drei Monaten durch Erhebung der Klage ausschließlich vor dem Landgericht, in dessen Bezirk die Gesellschaft ihren Sitz hat, angefochten werden.

Die Klage ist gegen die Gesamtheit der Kommanditisten, vertreten durch den Aufsichtsrat, zu richten. Sind Mitglieder des Aufsichtsrats selbst Kläger, so sind auf deren Antrag der Gesamtheit der Kommanditisten durch das Handelsgericht Bevollmächtigte zu bestellen.

Der Kläger hat seine Aktien gerichtlich zu hinterlegen. Die Erhebung der Klage, sowie der Termin zur mündlichen Verhandlung sind auf Anordnung des Prozeßgerichts durch den Gerichtsschreiber in den für die Bekanntmachungen der Gesellschaft bestimmten Blättern so zeitig zu veröffentlichen, daß zwischen der Veröffentlichung und dem Termin mindestens zwei Wochen liegen. Bis zu dem Termine erhobene weitere Anfechtungsklagen sind mit der anhängigen zu verbinden und durch dasselbe Endurteil zu erledigen.

Durch ein Urteil, welches rechtskräftig eine Ungültigkeitserklärung des Beschlusses ausspricht, wird diese Ungültigkeit für und gegen sämtliche Kommanditisten und die Gesellschaft festgestellt. Das Urteil ist von den persönlich haftenden Gesellschaftern ohne Verzug zu dem Handelsregister einzureichen. War der Beschluß in dasselbe eingetragen, so erfolgt in gleicher Weise die Eintragung des Urteils.

Artikel 190b.

Auf Antrag von Kommanditisten, deren Anteile zusammen den zehnten Teil des Gesamtkapitals darstellen, kann das Handelsgericht, sofern glaubhaft gemacht wird, daß bei der Gründung, Geschäfts-

Entwurf.

führung oder Liquidation der Gesellschaft Unredlichkeiten oder grobe Verletzungen des Gesetzes oder des Gesellschaftsvertrages stattgefunden haben, Revisoren zur Prüfung des Hergangs ernennen.

Vor der Anordnung sind die persönlich haftenden Gesellschafter oder die Liquidatoren, sowie der Aufsichtsrath zu hören. Die Anordnung kann von einer nach freiem Ermessen zu bestimmenden Sicherheitsleistung abhängig gemacht werden.

Die persönlich haftenden Gesellschafter haben den Revisoren die Einsicht der Bücher und Schriften der Gesellschaft und die Untersuchung des Bestandes der Gesellschaftskasse wie der Bestände an Effekten, Handelspapieren und Waaren zu gestatten.

Der Bericht über das Ergebniß der Prüfung ist von den Revisoren zu dem Handelsregister einzureichen und von den persönlich haftenden Gesellschaftern zur Kenntniß der nächsten Generalversammlung der Kommanditisten zu bringen.

Änderungsvorschlag.

führung oder Liquidation der Gesellschaft Unredlichkeiten oder grobe Verletzungen des Gesetzes oder des Gesellschaftsvertrages stattgefunden haben, Revisoren zur Prüfung des Hergangs ernennen. Mit dem Antrage sind die den erforderten Teil des Grundkapitals darstellenden Aktien gerichtlich zu hinterlegen und diese müssen bis zur Beschlußfassung über den Antrag hinterlegt bleiben.

Absatz 2, 3, 4 wie nebenstehend.

Den Antragstellern insgesamt oder Einzelnen von ihnen kann, wenn sie den Antrag offenbar mutwillig gestellt haben, auf Begehren der persönlich haftenden Gesellschafter oder der Liquidatoren oder des Aufsichtsrats auch ohne Nachweis eines der Gesellschaft zugefügten Schadens bei Zurückweisung ihres Antrags eine an die Gesellschaft zu zahlende Buße von eintausend bis zwanzigtausend Mark auferlegt werden. Die Entscheidung über dieses Begehren erfolgt durch Endurteil. Ist dem Antrage auf Prüfung durch Revisoren stattgegeben, so kann der Anspruch auf solche Buße nur mittels besonderer Klage bei dem Landgericht, in dessen Bezirk die Gesellschaft ihren Sitz hat, und erst nach der Einreichung des Berichts der Revisoren zu dem Handelsregister geltend gemacht werden.

Entwurf.

Artikel 200a.

Für die Klage auf Auflösung der Gesellschaft ist das Landgericht, in dessen Bezirk die letztere ihren Sitz hat, ausschließlich zuständig.

Die Klage kann von Kommanditisten erhoben werden, sofern deren Antheile den fünften Theil des Gesammtkapitals darstellen und die beantragte Auflösung in der Generalversammlung abgelehnt worden ist. Die Kläger haben den fünften Theil des Gesammtkapitals in Aktien der Gesellschaft gerichtlich zu hinterlegen.

Artikel 222.

Die Vorschriften in Artikel 190a über die Anfechtung eines Beschlusses der Generalversammlung und die Vorschriften in Artikel 190b über die Prüfung der dort bezeichneteu Hergänge durch Revisoren finden mit der Maßgabe Anwendung, daß die den persönlich haftenden Gesellschaftern auferlegten Verpflichtungen dem Vorstande obliegen.

Artikel 242a.

Die Auflösung durch richterliches Urtheil findet statt, wenn die Erreichung des Gesellschaftszweckes unmöglich wird, oder wenn andere wichtige Gründe vorliegen.

Die Bestimmungen des Artikels 200a kommen zur entsprechenden Anwendung.

Änderungsvorschlag.

Artikel 200a.

Absatz 1 wie nebenstehend.

Hat die Generalversammlung der Kommanditisten die Auflösung abgelehnt, so kann eine Minderheit, deren Anteile den fünften Teil des Gesamtkapitals darstellen und welche in der Generalversamlung für die Auflösung gestimmt hat, die Klage gegen die Gesellschaft aus dem Grunde, weil die Erreichung des Gesellschaftszweckes durch äußere Umstände unmöglich geworden, erheben. Die Kläger haben den fünften Teil des Gesamtkapitals in Aktien der Gesellschaft gerichtlich zu hinterlegen. Durch Erhebung der Klage seitens der Minderheit wird die Gesellschaft nicht gehindert, wirksam entsprechend Artikel 180f den Inhalt des Gesellschaftsvertrages in betreff des Gegenstandes des Unternehmens abzuändern. Das Gericht kann bei Zurückweisung der Klage der Minderheit auf Antrag der persönlich haftenden Gesellschafter, entsprechend Artikel 190b, Absatz 5, eine Buße auferlegen.

Artikel 222.

Die Vorschriften in Artikel 190a über die Anfechtuug eines Beschlusses der Generalversammlung und die Vorschriften in Artikel 190b über die Prüfung der dort bezeichneten Hergänge durch Revisoren finden mit der Maßgabe Anwendung, daß die Anfechtungsklage gegen die Gesellschaft zu richten und die den persönlich haftenden Gesellschaftern auferlegten Verpflichtungen und zustehenden Rechte vom Vorstande auszuüben sind.

Artikel 242a.

Für die Auflösung der Gesellschaft durch richterliches Urteil kommen die Bestimmungen des Artikels 200a zur entsprechenden Anwendung.

X. Die Kommanditaktiengesellschaft und ihre Besonderheiten.

Der Entwurf will nicht, entsprechend dem Vorgange der meisten anderen Gesetzgebungen, die Vorschriften betreffend die Aktiengesellschaft einfach auf die Kommanditaktiengesellschaft übertragen. Er erkennt die berechtigte Eigenart der letztgedachten Gesellschaftsform an, bei welcher mit der Selbständigkeit des Leiters insbesondere die starke Entwickelung der Aktionärbefugnisse, die bei der Aktiengesellschaft statuiert wird, unerträglich sei. Um aber die Eigenart der Kommanditaktiengesellschaft, die durch das infolge des Artikels 199 der Novelle von 1870 erleichterte Ausscheiden des persönlich haftenden Gesellschafters herabgemindert worden, schärfer herauszubilden und um Kapitalsvereinigungen, welche die Form der Kommanditgesellschaft statt der der Aktiengesellschaft bloß behufs Vermeidung der lästigeren Fesseln der letzteren wählen möchten, hieran zu hindern, verlangt er eine dauernde Beteiligung der persönlich haftenden Gesellschafter am Gesellschaftsvermögen. Dieselben müssen zusammen mindestens den zehnten Teil des Gesellschaftsvermögens selbst einlegen. Über ihre Einlagen dürfen sie, während sie in ihrer Stellung verbleiben, nur durch Veräußerung an einen der anderen persönlich haftenden Gesellschafter verfügen. Auch im Falle ihres Ausscheidens können sie ihre Anteile erst nach Ablauf von zehn Jahren von der Errichtung der Gesellschaft ab ausgehändigt erhalten und bis dahin nur durch Veräußerung an andere persönlich haftende Gesellschafter darüber verfügen.

Diese Vorschläge sind stark angegriffen worden. Und mit Recht. Statt die Gesellschaftsform, deren Schutz angestrebt wird, zu heben, würden sie dieselbe wohl einfach aus der Welt schaffen. Wer sollte geneigt sein, solche Verpflichtungen und dabei noch die Solidarhaft zu übernehmen. Und dazu soll nach dem Willen des Entwurfs der Betreffende für seine Anteile am Kommanditistenkapital kein Stimmrecht haben. Dieser zehnte Teil stellt auch bei nur mäßig gegriffenem Gesellschaftskapital ein beträchtliches Vermögen dar. Und der Verfügung über dasselbe soll sich der Gesellschafter nicht bloß für seine Person, so lange er Gesellschafter ist, sondern auch für seine Erben auf eine bei einem frühen Tode lange Zeit begeben und es an das Geschick eines Unternehmens, auf das er keine Einwirkung mehr hat, knüpfen, oder darauf rechnen, daß die Mitgesellschafter den Erben billig abfinden. Auch wer sein industrielles Etablissement in ein Gesellschaftsunternehmen umwandeln möchte und, weil er an dessen Spitze bleiben will, in der Kommanditgesellschaft die geeignetste Form fände, wird bei solchen Vorschriften die Form der Aktiengesellschaft vorziehen. Auch bei ihr sind, im Falle er einen erheblichen Aktienbetrag behält, für ihn die Mittel vorhanden, einen leitenden Einfluß zu behaupten und, wenn ihm das Leben sauer gemacht wird, kann er sich darauf einrichten, seine Aktien allmählich zu verkaufen. Wer sollte aber sonst, wenn er im Besitze eines Zehntels unserer durchschnittlichen größeren Gesellschafskapitalien ist, in die Geschäftsführung einer solche Bedingungen vorschreibenden Gesellschaft eintreten wollen? Der Wert der Kommanditaktiengesellschaft besteht darin, daß in derselben für den persönlichen Einfluß eines thatkräftigen und befähigten Mannes der erforderliche Spielraum gewährt ist. Er bringt vorzugsweise diese Intelligenz ein und die anderen das Geld, dieses seiner selbständigen Thätigkeit anvertrauend. Um die Form der Kommanditgesellschaft vor Mißanwendung zu schützen, müssen daher solche **Bestimmungen des Gesellschaftsvertrages für unwirksam erklärt werden, welche bezwecken, die Stellung des persönlich haftenden Gesellschafters zu der eines bloßen Direktors herabzudrücken, also insbesondere Bestimmungen, durch welche derselbe für Änderungen des Gesellschaftsvertrages, Erhöhung oder Herabsetzung des Kommanditistenkapitals, Auflösung der Gesellschaft, Feststellung des Jahresgewinnes den Beschlüssen der Generalversammlung der Kommanditisten unterworfen würde oder welche seine Entfernung mittels einfachen Widerrufes des Aufsichtsrates oder der Generalversammlung, oder sein Ausscheiden unter Erhaltung der Gesellschaft auf Grund einer kürzeren als einjährigen Kündigung festsetzten.** Ferner kann eine Berechtigung des Standpunktes des Entwurfes insofern zugegeben werden, als es allerdings angemessen erscheint, den persönlich haftenden Gesellschafter vermögensrechtlich in engerer Weise als durch Nichtbezug oder Minderbezug von Tantième an das Unternehmen und seine Erfolge zu binden. Dazu reicht es aber aus, wenn dem **Gesellschafter** bez. bei mehreren Gesellschaftern einem derselben obliegt, eine Einlage in Höhe des fünfzigsten Teiles des Kommanditistenkapitals zu machen und wenn ferner jeder der Gesellschafter einen bestimmten Anteil an dem auf ihn fallenden Jahresgewinn, ein solcher mag wirklich gemacht oder eine entsprechende Summe infolge vertragsmäßiger Zusicherung von ihm zu erheben sein, — natürlich diejenigen, welche nichts eingelegt haben, einen höheren Prozentsatz — zum Zwecke der Erhöhung der gemachten Einlage bis auf dreißig Prozent, bez. der Ansammlung einer Einlage von dreißig Prozent, im Geschäft belassen muß. Dagegen läge kein Grund vor, die Vertragsfreiheit in betreff der Festsetzung der Zeit der Ausantwortung des Anteils an einen ausscheidenden Gesellschafter weiter zu beschränken, als daß solche Ausantwortung, der Anteil mag in Aktien oder in barem Gelde bestehen, nicht vor Abschluß eines vollen Geschäftsjahres nach dem Ausscheiden — dies scheint zur Verhütung von absichtlichen Benachteiligungen zweckmäßig — stattfinden darf. Zur Verhütung von Umgehungen dieser Vorschriften wären für die Bemessung dieser Anteile nicht bloß das ursprüngliche Kommanditistenkapital, sondern auch dessen Erhöhungen innerhalb der ersten zwei Jahre von Eintragung der Gesellschaft für maßgebend zu erklären. Der Entwurf verhütet eine solche Umgehung seiner Vorschriften nicht.

Der Entwurf hat die bisherige Bestimmung, daß die Kommanditaktien nur auf Namen gestellt werden dürfen, beibehalten und dies ist, da die vorzugsweise Verwendung dieser Gesellschaftsform für Begründung naher individueller Beziehungen gewünscht werden muß, zu billigen.

Von der Voraussicht aus, daß die Form der Kommanditgesellschaft in Zukunft nur im Falle ihrer wirtschaftlichen Berechtigung gewählt werden wird, kennt der Entwurf für die Errichtung nur die Form der Successivgründung und als alleinige Gründer den oder die persönlich haftenden Gesellschafter. Es ist als der regelmäßige Hergang gedacht, daß sich die Verbindung der das Kapital Gewährenden mit dem sich offerierenden Leiter des Unternehmens bereits im Gründungsstadium vollzieht, so daß eben nur im Falle solcher Verbindung die Gesellschaft zu stande kommt. Die Erfüllung der Errichtungsformen seitens eines engen Kreises, um erst alsdann mittels Absatzes der geschaffenen Aktien die wirkliche Verbindung mit dem Anlage suchenden Kapital herzustellen, wird als etwas der richtig gewürdigten Natur der Kommanditgesellschaft Fremdes erachtet. Die persönlich haftenden Gesellschafter stellen den Inhalt des Gesellschaftsvertrages fest. Die Beteiligung erfolgt durch Zeichnungen. Soweit die persönlich haftenden Gesellschafter ihre Einlagen auf das Kommanditkapital machen, haben auch sie zu zeichnen. Auch hier sind die beiden Generalversammlungen, die zweite nach Prüfung der Gründung durch den Aufsichtsrat und unter Erstattung des Prüfungsberichts, vorgeschrieben. Nur erachtet der Entwurf hier die richterliche Leitung für entbehrlich und es findet daher auch die zweite Versammlung vor der Anmeldung zum Handelsregister statt.

Es mag sein, daß bei den Anforderungen, die der Entwurf betreffend die Einlagen an die persönlich haftenden Gesellschafter stellt, die Voraussicht, daß eine Aktienkommandite nicht um der bloßen Gründung willen errichtet werde, berechtigter ist als bei den Anforderungen, die diesseits allein als erschwinglich erachtet werden. Da die Verantwortlichkeit der persönlich haftenden Gesellschafter für die Gründung ganz entsprechend der der Gründer bei der Aktiengesellschaft normiert ist, ebenso die des Aufsichtsrats und der ersten Emittenten, so liegt auch vom diesseitigen Standpunkt kein Anlaß vor, im allgemeinen einer Erweiterung der Errichtungsbasis dadurch, daß noch mehr Personen als die persönlich haftenden Gesellschafter in die Gründungsfunktion zu treten hätten, das Wort zu reden. Ebenso liegt kein dringender Grund vor, die Zulassung der Simultangründung zu fordern, da diesseits bei der Successivgründung die Streichung der einen Generalversammlung begehrt wird, im übrigen aber die Formen der Successivgründung die Verschiedenheit in den Stellungen von Komplementar und Kommanditisten passender zum Ausdruck bringen.

Für den Fall aber, daß Sacheneinlagen gemacht oder Anlagen übernommen werden sollen, erscheinen der Miteintritt des Einlegers der Sache und noch eines Kommanditisten, bez. falls einer der Komplementare der Einlegende ist oder es sich um Übernahmen handelt, zweier Kommanditisten in die Gründerfunktion wünschenswert. Hier erscheint die Möglichkeit, daß um der Gründung willen gegründet wird, nicht fern liegend.

Nicht erforderlich erscheint es, daß die persönlich haftenden Gesellschafter für Aktien, welche sie für ihre auf das Kommanditkapital gemachten Einlagen erhalten oder sonst erwerben, kein Stimmrecht haben sollen. Daraus, daß sie ja ihre selbständige Gesellschafterstellung neben dem Kommanditistenkörper haben, folgt noch nicht, daß ihnen die ihrem thatsächlichen Aktienbesitz entsprechende Einwirkung innerhalb des Kommanditistenkörpers versagt werden müßte. Es ist ein berechtigtes Interesse der Komplementare, daß Disharmonieen unter den nebeneinander selbständigen Faktoren gar nicht entstehen.

Da die Kommanditgesellschaft aus den persönlich haftenden Gesellschaftern und dem Kommanditistenkörper besteht, die Vertretung der Gesellschaft in den Händen der Ersteren liegt, die Kommanditisten aber nur in ihrer Generalversammlung, bez. durch den Aufsichtsrat oder andere Bevollmächtigte die ihnen gegen die persönlich haftenden Gesellschafter zustehenden Rechte ausüben, Artikel 186, 194, 195, so können die Bestimmungen, daß in betreff der Gründung die persönlich haftenden Gesellschafter, der Aufsichtsrat und die ersten Emittenten der Gesellschaft verantwortlich sind, Artikel 180, 180a, 180b, 180d, sowie daß der Aufsichtsrat für die Geschäftsführung der Gesellschaft verantwortlich ist, Artikel 204, in der Anwendung Schwierigkeiten machen. Es bedarf einer Erweiterung der Artikel 186, 194, 195 dahin, daß die Rechte, welche der Gesellschaft gegen die persönlich haftenden Gesellschafter und den Aufsichtsrat zustehen, von der Gesamtheit der Kommanditisten ausgeübt werden.

Anscheinend absichtlich ist eine Bestimmung betreffend die Haftbarkeit der persönlich haftenden Gesellschafter gegen die Gesellschaft für ihre Geschäftsführung analog der für den Vorstand der Aktiengesellschaft im Artikel 241 gegebenen unterblieben. Es verbliebe demnach bei dem allgemeinen Grundsatz des Artikel 94, wonach die persönlich haftenden Gesellschafter nur für die Sorgfalt, die sie in ihren eigenen Angelegenheiten anwenden, haften. Auch, wenn man im Prinzipe es hierbei beläßt, erscheint es doch zweckmäßig, ihre Verpflichtungen zum Ersatz den Gesetzen zuwider verausgabten oder nicht vereinnahmten Grundkapitals ebenso, wie es im Artikel 204 bezüglich des Aufsichtsrats ausgesprochen ist und wie es im zeitherigen Artikel 204 auch in betreff der persönlich haftenden Gesellschafter ausgesprochen wird, und zwar für den Fall einer Verletzung der ihnen obliegenden Sorgfalt auszusprechen.

Nicht im Wesen der Sache begründet erscheinen einige Abweichungen bei der Kommanditaktiengesellschaft gegenüber der Aktiengesellschaft. Es ist nicht abzusehen, warum nicht auch bei der ersteren Gesellschaftsform die Verpflichtung des Aufsichtsrats, seine Obliegenheiten nicht zu übertragen, ausgesprochen ist, Artikel 225, Absatz 4, Artikel 193, warum nicht bei ihr die Minderheit des Artikel 188 soll die Ankündigung bestimmter Gegenstände zur Beschlußfassung in der Generalversammlung verlangen können, Artikel 237, Absatz 2 und 3, Artikel 188, warum nicht auch bei ihr eine Frist, welche von der Ankündigung der Generalversammlung, bez. der Zugänglichkeit der Bilanzvorlage bis zur Versammlung verbleiben soll, festgesetzt ist, Artikel 238, 239 Absatz 2, Artikel 185, warum nicht auch bei ihr eine Veröffentlichung der Bilanz und der Gewinn- und Verlustrechnung, sowie Einreichung derselben zum Handelsregister, Artikel 239b, vorgeschrieben ist.

Da im übrigen die Bestimmungen, abgesehen von den in diesem Abschnitt, wie insbesondere in dem die Minderheitsrechte betreffenden vorigen, bei beiden Gesellschaftsformen im wesentlichen übereinstimmen, so sind auch alle in den früheren Abschnitten gemachten Abänderungsvorschläge auf die Kommanditaktiengesellschaft übertragbar. Nur wird bei derselben von der erforderlichen Veröffentlichung des dem Gründerbericht des Artikel 209f entsprechenden Gesellschafterberichts nebst den die Illationen und Übernahmen betreffenden Verträgen so lange abzusehen sein, als nicht eine Einführung der Kommanditaktien an einer Börse oder ein öffentliches Angebot derselben erfolgen soll.

XII. Verantwortlichkeiten gegen das Publikum.

Es kann nicht die Meinung des Entwurfs sein, daß mit der normierten Haftbarkeit der Gesellschaftsorgane gegenüber der Gesellschaft und denjenigen, welche zur Zeit der schädigenden Handlung Gesellschaftsgläubiger waren, sich alle Verantwortung dieser Organe bei der Aktien- und Kommanditaktiengesellschaft erschöpft. Gewiß soll die Bezeichnung der Gesellschaft als der Ersatzberechtigten ein Ersatzrecht der Einzelaktionäre, sofern solches auf nichts anderem beruhte, als daß die Beschädigung der Gesellschaft Beschädigung ihrer Anteilsrechte ist, ausschließen. Aber die Handlungen und Unterlassungen der Gesellschaftsorgane gehen in ihren Wirkungen über die Gesellschaft und diejenigen, welche zur Zeit des schädigenden Verhaltens Aktionäre und Gesellschaftsgläubiger waren, hinaus. Wie das Vorhandensein einer Aktiengesellschaft das Publikum berührt, so thun dies insbesondere auch die Handlungen der Gesellschaftsorgane, infolge deren ein bestimmter Zustand der Gesellschaft als vorhanden für das Publikum erscheint. Auf solcher gewollten Wirkung auf weitere Kreise beruhen die Anordnungen der Einreichung von Urkunden und Erklärungen über erhebliche Thatsachen zum Handelsregister.

Eine andere Rechtsstellung als diejenigen, welche zur Zeit des schädigenden Verhaltens bereits Aktionäre oder Gläubiger waren, nehmen daher diejenigen ein, welche infolge solcher für die Öffentlichkeit bestimmten Erklärungen, insbesondere etwa infolge falscher Geschäftsberichte und Bilanzaufstellungen oder im Vertrauen darauf, daß die Organe in den für das Geschick der Gesellschaft wesentlichen Angelegenheiten gesetzmäßig gehandelt haben, erst Aktien erworben haben oder Gläubiger der Gesellschaft geworden sind. Eine Verletzung dieses besonderen Interesses wird nicht durch den Ersatzanspruch der Gesellschaft gedeckt. Es giebt zahlreiche Entstellungen der wahren Sachlage, welche dem derzeitigen Gesellschaftsvermögen gar keinen Schaden zufügen, vielleicht sogar Vorteil bringen und nur auf diejenigen, welche in ein Verhältnis zur Gesellschaft erst treten, wirken. Und selbst wenn die falschen Erklärungen in Ausführung einer Beschädigung der Gesellschaft erfolgen oder eine solche zur Folge haben, so wird dieser Schaden der Regel nach sich kaum mit dem Schaden des Dritten decken. Wenn infolge fiktiver Dividendenverteilung der Kurs der Aktien steigt oder neue Aktien zur Begebung über Pari gelangen, so wird die Verletzung der Erwerber solcher Aktien nicht dadurch beseitigt, daß die Gesellschaft nachträglich von den Gesellschaftsorganen Ersatz des zu Unrecht als Dividende verteilten Grundkapitales erlangt.[1]

So wenig angenehm es ist, immer wieder von Verantwortlichkeit zu

[1] In dieser Beziehung bietet der Entwurf weniger als das bisherige Aktiengesetz, welches wenigstens in betreff des Vorstandes im Artikel 241 eine allgemeine Verantwortlichkeit vorschreibt.

sprechen, so werden doch durch Schweigen die Elemente, die für eine solche in dem Handeln der Beteiligten einmal vorhanden sind, und für deren Wirkung eventuell die Grundsätze der bürgerlichen Rechte maßgebend sein würden, nicht beseitigt. Ein Blick in die einzelnen Hefte des Journal du Palais und ähnlicher Sammlungen genügt, um zu erkennen, welche erhebliche Bedeutung die Ansprüche der Aktienerwerber gegen Gesellschaftsorgane wegen Verletzung ihres intérêt particulier oder individuel — zum Unterschied von dem intérêt social — haben.[1] Handelte es sich um schädigende Eingriffe in die Rechtssphäre konkreter Personen durch diesen gegenüber vorgenommene individuelle Handlungen, so läge kein Grund vor, solche Materie in ein Aktiengesetz hineinzuziehen. Aber es handelt sich um Bestimmung der Folgen von Erklärungen ins allgemeine, ohne Richtung auf eine bestimmte Person, die das Aktiengesetz im allgemeinen Interesse vorschreibt, und um richtige Begrenzung dieser Folgen. Die Aufstellung fester Grundsätze erscheint hier durchaus auch im Interesse der mit solchen Ansprüchen bedrohten Gesellschaftsorgane wünschenswert. Denn, wenn bisher die immer noch nicht völlig überwundene Unsicherheit der deutschen Praxis in der Behandlung von Schadensansprüchen dazu mitgewirkt hat, die Möglichkeit der Begründung solcher Ansprüche aus den landesgesetzlichen Vorschriften über Haftung aus einem außerhalb eines Vertrages verübten Unrecht zu verkennen, so könnte leicht, sobald solche Erkenntnis durchgedrungen, eine Wandlung eintreten, vermöge deren bei Anwendung aller in dieser Beziehung maßgebenden landesgesetzlichen Vorschriften — dieselben erachten die Verantwortung schon mit der Verletzung der Sorgfalt eines ordentlichen Mannes für begründet — leicht nach entgegengesetzter Richtung ein vom richtigen gesetzgeberischen Standpunkte aus zulässiges Maß überschritten werden möchte. Mehr wird bei solchen Erklärungen an das Publikum, insbesondere in anbetracht, daß die Erklärenden doch auch noch in einem Verhältnis zu der Gesellschaft stehen, welches ihre Verantwortung gegen diese begründen kann, nicht gefordert werden können, als daß sie für wissentliche Unwahrheiten einstehen.

[1] Diese Haftbarkeit ist anerkannt vom Ersten Civilsenat des Reichsgerichts in den Urteilen vom 12. Mai 1883 und vom 15. Oktober 1883 in Sachen Schramme u. Gen. und Bormann u. Gen. w. Prinz Bironsche Konkursmasse, Rep. 197/83 u. 283/83, Urteilen von großer Tragweite.

Es führt aber diese Betrachtung auf die fernere Frage, ob die Auffassung des Entwurfes, daß die Gründer für die Erfüllung der ihnen vom Gesetze auferlegten Pflichten nur der Gesellschaft haftbar sein sollen, in dieser Allgemeinheit zutreffend ist. Ob hier, ohne ausdrücklichen Ausspruch eines Gesetzes, überhaupt ein Recht der Gesellschaft gegen die Gründer auf Gewährung desjenigen, was sie nach dem Gesetze haben soll, und auf Schadloshaltung für den durch die nicht rechtzeitige Gewährung desselben eingetretenen Mißerfolg zu konstruieren wäre, ist sehr fraglich. Aber der Entwurf will eben solches Recht aus Zweckmäßigkeitsgründen der Gesellschaft an Stelle aller Ansprüche verleihen, welche aus der Thatsache, daß die Gesellschaft ins Leben gerufen, und aus den vom Gesetze erforderten Erklärungen der Gründer, daß alle Voraussetzungen für die Begründung ihrer Existenz erfüllt seien, für die dadurch berührten Aktienzeichner und Aktienerwerber — und wohl auch für diejenigen, welche Gläubiger der Gesellschaft geworden — entspringen könnten. Er erachtet die Gesamtinteressen durch ein Recht der Gesellschaft besser gewahrt, als durch die Möglichkeit der Erlangung von Entschädigungen seitens Einzelner. Ob in diesem Ersatzanspruche der Gesellschaft wirklich alle Individualschäden der Einzelnen zur Geltung zu kommen vermöchten und ob, mangels einer ausdrücklichen Bestimmung, die Gründer für solchen Individualschaden, soweit er im Anspruch der Gesellschaft nicht zur Geltung kommen könnte, nicht doch den Einzelnen haftbar sein würden, mag hier ungeprüft bleiben. Ebenso, ob ein Anspruch derjenigen, die Gesellschaftsgläubiger geworden, durch die Bestimmung des Entwurfs als beseitigt gelten könnte. So sehr man dem Prinzip des Entwurfs im allgemeinen beistimmen mag, immerhin erfordert es eine gewisse Begrenzung. Es enthält einen nicht berechtigten Eingriff, wenn man auch bei der gröbsten Täuschung über die Erfüllung der gesetzlichen Erfordernisse den Aktienzeichner oder Aktienerwerber, der anderenfalls gar nicht daran gedacht hätte, sich zu beteiligen, lediglich auf sein Stimmrecht bei der Entschließung der Generalversammlung über die Entlastung oder Verfolgung der Gründer und die deshalb bei der Aktiengesellschaft eingeräumten Minderheitsrechte verweist. Welche praktische Bedeutung der Ersatzanspruch der Gesellschaft gewinnen wird, ist noch abzuwarten. Nahe liegt es, daß gerade bei den schlechtesten

Unternehmungen die Gründer häufig soviel Aktien zu deren geringem Kurse leicht werden ankaufen können, als erforderlich ist, um die Bildung der zur Verfolgung des Anspruchs erforderlichen Minderheit zu vereiteln. Der Entwurf möchte die Gründer nicht doppelten Ansprüchen ausgesetzt wissen. Allein wenn man den Anspruch der Einzelaktionäre und der Gläubiger auf den Fall des Dolus der Gründer beschränkt, und letzteren das Recht gewährt, gegen die beschädigten Aktienzeichner, Aktienerwerber oder Gläubiger die Leistung des Schadensersatzes in anderer Weise als durch Übernahme ihrer Aktien oder Forderungen gegen Erstattung ihrer Aufwendungen abzulehnen, so ist alle Rücksicht genommen, die ein wissentlich Unwahres Erklärender verlangen kann.

Hierdurch kämen die Gründer in die Lage, falls sie der Gesellschaft noch Ersatz leisten müßten, von diesem Ersatz für die übernommenen Aktien oder Forderungen selbst noch den entsprechenden Vorteil zu ziehen. Der Fall, daß sie der Gesellschaft bereits Ersatz geleistet hätten, ehe der Anspruch von Einzelaktionären oder Gläubigern an sie herantritt, wird bei Statuierung kurzer Verjährungen für letzteren Anspruch kaum vorkommen. Auch für solchen Fall wird aber durch die Möglichkeit, daß der Richter mittels des an die Gesellschaft geleisteten Ersatzes den Einzelschaden als beseitigt ansieht, die erforderliche Berücksichtigung gewährt.

Endlich gehört zu den hier in Betracht kommenden Verantwortungen auch die für falsche Angaben in öffentlichen Angeboten von Aktien und den Anträgen auf Zulassung derselben zu einer Börse. Hier soll bösliche Unwahrheit die Verantwortung gegen Aktienzeichner oder Aktienerwerber begründen. Daß immer wieder auf diesen Begriff rekurriert wird, ist erklärlich. Der Nachweis der Wissentlichkeit mutet den Verletzten zu viel zu. Der Begriff des groben Verschuldens schützt die Bedrohten zu wenig. Diese Steigerung des Mangels an Sorgfalt gegenüber der Sorgfalt eines ordentlichen Mannes ist praktisch kaum von einer Realität. Der Richter wird leicht jedes von ihm für tadelnswert erachtete Verhalten als grobe Verschuldung ansehen. Eine Haftung aus solchen Erklärungen auch gegen diejenigen, welche Gesellschaftsgläubiger geworden sind, möchte zu weit gehen. Für solche sind die Prospekte der Regel nach nicht bestimmt. Nur die Ausgabe von Obligationen seitens der Kommanditaktien- und Aktiengesellschaften durch Prospekte würde allerdings zu berücksichtigen sein.

Für alle diese Fälle ist es zweckmäßig, das Recht des Haftbaren auszusprechen, daß er den Ersatz nicht anders als durch Übernahme der Aktien oder Forderungen gegen Erstattung des Aufgewendeten zu leisten brauche. Damit wird der Möglichkeit der Erhebung mehrerer Ansprüche in betreff desselben Papieres seitens verschiedener Nacherwerber, von denen der eine das Papier mit Verlust verkauft hat, der andere es besitzt, vorgebeugt. Auch wird hierdurch eine heilsame Beschränkung solcher Ansprüche bewirkt werden, weil jeder, der seines Ersatzrechtes nicht ganz sicher ist, bei sinkender Kurstendenz lieber zur Begrenzung seines Verlustes die Papiere verkaufen, als das Risiko, den Prozeß zu verlieren und den weiteren Kursrückgang selbst tragen zu müssen, übernehmen wird.

Zur notwendigen Beschränkung der Verantwortung erscheint ferner die Aufstellung des Satzes erforderlich, daß eine zum Ersatz verpflichtende Beschädigung als ausgeschlossen gilt, wenn nach den Umständen des Erwerbes der Aktien oder Gläubigerforderungen oder den zur Zeit des Erwerbes zu tage getretenen Verhältnissen des Aktienunternehmens ein sorgfältig prüfender Erwerber die Unrichtigkeit der vorgebrachten Thatsachen hätte kennen oder diese Thatsachen für seinen Erwerbsentschluß hätte einflußlos halten müssen. Damit wird frivolen Schädensansprüchen vorgebeugt werden. Möglich wäre es, daß die Praxis auch ohne gesetzliche Bestimmung diesen Satz selbst herausarbeitet. Wenn die Kausalität zwischen unrechter Handlung und Schaden nicht auf einem äußerlich erkennbaren Eingriff in die Rechtssphäre eines bestimmten Individuums beruht, sondern jemand den Schluß für sich in Anspruch nimmt, es habe eine irgend einmal für die Allgemeinheit abgegebene Erklärung auch auf ihn wirken dürfen, so muß er für die Prüfung dieses Schlusses den Maßstab eines sorgfältig handelnden Mannes auf sich anwenden lassen. Es erscheint aber zweckmäßig, dies auszusprechen, weil in der Praxis die Tendenz, die individuelle Unerfahrenheit oder den besonderen Intelligenzmangel zu berücksichtigen, nicht unvertreten ist, derselben auch die landesgesetzlichen Vorschriften über die Haftbarkeit bei konkurrierendem Verschulden des Beschädigten einigen Vorschub leisten. Diese Tendenz mag richtig sein, wenn eine individuelle Einwirkung seitens des angeblichen Schädigers auf den Beschädigten in Frage steht. Wer sich aber lediglich auf einmal erfolgte allgemeine Kundgebungen beruft, der darf sich um diejenigen bekannt gewordenen Verhältnisse nicht unbekümmert lassen, welche den Wert und die Bedeutung jener Kundgebungen berichtigt oder beseitigt haben. Es erscheint ferner für diese Ansprüche die Festsetzung einer kurzen Verjährung geboten. Die Tendenz dieser Vorschriften soll sein, soweit es sich lediglich außerhalb eines Vertragsverhältnisses um die hier gekennzeichneten Erklärungen und ihre Wirkungen handelt, weiter greifende Ersatzrechte, welche aus den Landesgesetzen begründet werden könnten, auszuschließen. Dagegen bleiben die Landesgesetze, soweit sie Verpflichtungen zum Schadensersatz auf Grundlage anderer Handlungen, insbesondere aus gegen bestimmte Personen verübten schädigenden Einwirkungen, auch mittels Vorbringens der gleichen Unwahrheiten, begründen, unberührt.

Demnach wird die Einfügung eines sowohl für Kommanditaktien- wie für Aktiengesellschaften geltenden allgemeinen Artikels vor den Strafvorschriften, etwa Artikel 248a, folgenden Inhalts vorgeschlagen:

Wer in einer gemäß den Artikeln 176, 180d, 180g, 180g1[1], 210, 213e, 215a, 215a1, 215b, 239, 244a Absatz 3 vor dem Handelsgerichte abgegebenen Erklärung oder zur Einreichung bei demselben gelangten Erklärung oder Urkunde, unter Kenntnis der Bestimmung der Erklärung oder Urkunde zu solcher Einreichung, wissentlich falsche Thatsachen vorbringt oder wahre entstellt, haftet denjenigen, welche infolge solcher Vorbringen oder Entstellungen Aktien gezeichnet oder Aktien, Promessen oder Interimsschein erworben oder ein Gläubigerverhältnis zu der Gesellschaft begründet haben, für den ihnen hierdurch zugefügten Schaden.

In gleicher Weise haftet, wer in öffentlichen Angeboten von Aktien einer Kommanditaktiengesellschaft oder Aktiengesellschaft oder von Schuldverschreibungen einer solchen Gesellschaft oder in öffentlichen Darlegungen, welche zum

[1] Es ist die Hinzufügung eines dem Artikel 215a1 entsprechenden Artikels hinter Artikel 180g vorausgesetzt.

Zwecke der Zulassung solcher Aktien oder Schuldverschreibungen zu einer Börse erfolgen, böslicherweise falsche Thatsachen vorbringt oder wahre entstellt, den hierdurch beschädigten Zeichnern von Aktien oder Erwerbern von Aktien, Promessen, Interimsscheinen oder Schuldverschreibungen.

Die Ersatzpflicht ist ausgeschlossen, wenn nach den besonderen Umständen, unter welchen die Zeichnung oder der Erwerb der Aktien oder die Begründung eines Gläubigerverhältnisses erfolgte, oder nach den zur gedachten Zeit an den Tag getretenen Verhältnissen der Gesellschaft ein sorgfältig handelnder Mann die Unwahrheit der vorgebrachten Thatsachen oder die Entstellung der wahren Thatsachen erkennen konnte oder diese Thatsachen für einen Entschluß, Aktien zu zeichnen oder zu erwerben oder in ein Gläubigerverhältnis zu der Gesellschaft zu treten, unerheblich erachten mußte.

Mehrere für denselben Schaden Ersatzpflichtige haften solidarisch.

Der Ersatzpflichtige kann es ablehnen, den Ersatz in anderer Weise als durch Übernahme der gezeichneten oder erworbenen Aktien, Promessen oder Interimsscheine oder der begründeten Forderungen gegen Erstattung des dafür aufgewendeten Betrages zu leisten.

Der Ersatzanspruch verjährt in drei Jahren. Die Verjährung beginnt für die Fälle des Absatz 1 mit der Abgabe der Erklärung oder Einreichung derselben oder der Urkunde beim Handelsgericht, für die Fälle des Absatz 2 mit der Veröffentlichung des Angebots oder der Darlegung.

Insoweit der Anspruch außerhalb eines Vertragsverhältnisses lediglich auf ein Erfolgtsein von Erklärungen der in Absatz 1 und 2 bezeichneten Art und die Unrichtigkeit ihres Inhalts gegründet wird, tritt eine weiter gehende Verantwortlichkeit und Pflicht zum Schadensersatz gegen die hier bezeichneten Personen, auch wenn sich eine solche aus den Landesgesetzen herleiten läßt, nicht ein.

Kolibri 360 GmbH
Ferdinand-Jühlke-Straße 7
99095 Erfurt, Deutschland
produktsicherheit@kolibri360.de